依据全国会计从业资格无纸化考试最新大纲编写

U0681302

会计基础
核心考点全攻略

会计从业资格考试命题研究组　编

经济管理出版社
ECONOMY & MANAGEMENT PUBLISHING HOUSE

图书在版编目（CIP）数据

会计基础核心考点全攻略/会计从业资格考试命题研究组编 . —北京：经济管理出版社，2016.3
ISBN 978 - 7 - 5096 - 4241 - 2

Ⅰ. ①会…　Ⅱ. ①会…　Ⅲ. ①会计学—资格考试—自学参考资料　Ⅳ. ①F230

中国版本图书馆 CIP 数据核字（2016）第 022560 号

组稿编辑：杜　菲
责任编辑：杜　菲
责任印制：司东翔
责任校对：车立佳

出版发行：经济管理出版社
　　　　　（北京市海淀区北蜂窝 8 号中雅大厦 A 座 11 层　100038）
网　　　址：www. E - mp. com. cn
电　　　话：（010）51915602
印　　　刷：三河市延风印装有限公司
经　　　销：新华书店
开　　　本：720mm×1000mm/16
印　　　张：11.25
字　　　数：284 千字
版　　　次：2016 年 3 月第 1 版　　2016 年 3 月第 1 次印刷
书　　　号：ISBN 978 - 7 - 5096 - 4241 - 2
定　　　价：39.80 元

前　言

　　本书编写的初衷是让考生迅速地明确考点并加以记忆，轻松应对会计从业资格考试。一些考生自己看教材，把握不准考点，书上画得黄的绿的什么都有，可什么也记不住。其实会计从业资格考试是有一定的命题规律可循的。从历年的会计从业资格考试来看，考的都是基本的知识，难度并不大。只要考生把握核心考点，就能轻松应对考试。

　　本套辅导教材主要特点如下：

一、章节总结

　　本书编者对考试大纲进行了深入细致的研究，大纲中的考点在书中均得到充分的体现。在每一章的开头，我们都会描述此章节考点分布情况，帮助考生明确章节重点，从而合理地分配时间。

二、重点突出

　　本书通过考试大纲重点分布告诉考生哪些知识点是要求"了解"的，哪些知识点是要求"熟悉"的，哪些知识点是要求"掌握"的，这样可以帮助考生快速确定核心考点。本书最大的特色就是考点明确，重点突出，内容凡是涉及考点的均用下划线标注。

三、习题精解

　　本书每节后均有配套的习题，且每题后均有详细的解析。习题能帮助考生了解考试题型及巩固所学知识。

四、图文并茂

　　本书重点、难点知识均配有相应的图表，帮助大家轻松理解和记忆知识。

　　本书严格按照新大纲编写。全新的大纲、全新的内容、全新的理念。考生可以登录大易网校官网 www.kaoshi60.cn 或关注大易网校官方微信（微信号：考试60），实时关注最新考试动态及相关考试内容。

　　本书编写虽然力求完美，但由于时间有限，本套辅导教材如有不足之处，希望广大读者多提宝贵意见。

会计从业资格考试命题研究组

目　录

第一章　总　论

章节简介

本章主要介绍了会计的基本概念和基础知识，其内容贯穿会计工作的始终。本章是学习本门课程的基础，以理论为主，主要内容包括会计的概念与目标、会计的职能与方法、会计基本假设与会计基础、会计信息的使用者及其质量要求和会计准则体系。

第一节　会计的概念与目标

考纲重点分布

一、会计的概念与目标	1. 会计的概念与特征	掌握
	2. 会计的对象与目标	掌握

考点精解

一、会计的概念与特征

考点1　会计的概念

会计是以货币为主要计量单位，运用专门的方法，核算和监督一个单位经济活动的一种经济管理工作。

单位是国家机关、社会团体、公司、企业、事业单位和其他组织的统称。未特别说明时，本教材主要以《企业会计准则》为依据介绍企业经济业务的会计处理。

对会计的定义我们可以从以下几个方面来理解：

1. 会计计量单位

会计以货币为主要计量单位，各项经济业务以货币为统一的计量单位才能够汇总和记录，但货币并不是唯一的计量单位。

2. 会计的基本职能

核算和监督，即用会计专门方法对特定单位已经发生的经济业务进行确认、计量和报告，并在此过程中对经济业务的**合法性**和**合理性**进行审查。

3. 会计对象

会计核算和监督的内容，即特定单位的经济活动。

4. 会计本质

会计本质属于管理的范畴，是一种**经济管理**工作。

考点2　会计的基本特征

1. 会计是一种**经济管理活动**

会计的本质就是一项经济管理活动，它属于管理的范畴。会计为企业经济管理提供各种数据资源，而且通过各种方式直接参与经济管理，对企业的经济活动进行核算和监督。

2. 会计是一个**经济信息系统**

从财务会计的角度看，会计侧重于对外提供信息。它将分散的经济活动转化为货币化的会计信息，然后向相关的使用者提供有关业绩和问题以及**企业的资金、劳动、所有权、收入、成本、利润、债权、债务等信息**。这些信息是企业内部管理者和外部利益相关者进行相关经济决策的重要依据。

3. 会计以**货币作为主要计量单位**

企业的经济活动涉及方方面面，为了实现会计目的，需要对企业发生的经济活动进行综合反映，这就要求有一个统一的计量尺度。而货币是商品的一般等价物，是衡量一般商品价值的共同尺度，具有价值尺度、流通手段、贮藏手段和支付手段的特点。其他计量单位，如重量、长度、容积、张、台、把等，只能从一个侧面反映企业的生产经营情况，无法在量上进行汇总和比较，不便于会计计量和经营管理。只有选择货币尺度进行计量，才能充分反映企业的生产经营情况，所以**将货币作为会计核算的主要计量单位**。

4. 会计具有**核算和监督的基本职能**

会计核算是以**货币为主要计量单位**，对企业发生的经济活动进行确认、计量和报告。会计监督是对会计核算的经济活动的真实性、合理性和合法性进行审查。会计核算和会计**监督贯穿整个会计工作的全过程**，因此说会计核算和会计监督是会计的两大基本职能。

5. 会计采用**一系列专门的方法**

会计方法是用来核算和监督会计对象，实现会计目标的手段。**会计方法具体包括会计核算方法、会计分析方法和会计检查方法等**。其中，**会计核算方法是最基本的方法**。会计分析方法和会计检查方法等主要是在会计核算方法的基础上，利用提供的会计资料进行分析和检查所使用的方法。这些方法相互依存、相辅相成，形成了一个完整的方法体系。

考点3　会计的发展历程

会计是随着人类社会生产的发展和经济管理的需要而产生、发展并不断得到完善的。

1. 会计的产生

会计历史悠久，最早可以追溯到原始社会"**结绳记事**"和"**刻契记事**"等处于萌芽状态的会计行为。

2. 会计的发展

随着人类社会的发展，会计也由简单的计量和计算逐渐发展成为以货币为单位来综合核算和监督单位经济活动的一种经济管理工作，**会计的发展可划分为古代会计、近代会计和现代会计三个阶段**。

（1）古代会计阶段。从会计产生到1494年世界上第一部专门论述借贷复式簿记的书籍《算术、几何、比及比例概要》出现之前的阶段，这是会计发展史上最漫长的一段时期。

【提示】我国有关会计事项记载的文字，最早出现于商朝的甲骨文。

（2）近代会计阶段。有两个重要的时间，称为近代会计发展史上的两个里程碑。

1）近代会计以复式记账法的产生和"簿记论"的问世为标志。1494年，意大利数学家卢卡·帕乔利出版了一本著作《算术、几何、比及比例概要》，其中一章"簿记论"，全面系统地介绍了威尼斯的复式记账法，并从理论上给予必要的阐述。该书的出版被誉为会计发展史上重要的里程碑，并标志着近代会计的开始。

2）1853年，在英国成立了世界上第一个会计师协会——爱丁堡会计师协会，被认为是近代会计发展史上的第二个里程碑。会计开始成为一种社会性专门职业和通用的商业语言。

（3）现代会计阶段。1952年，国际会计师联合会正式通过"管理会计"这一专业术语，标志着会计正式划分为财务会计和管理会计两大领域。

财务会计是传统会计的继续和发展，主要内容是核算企业的经济活动。管理会计从传统会计系统中分离出来，也叫对内会计，主要是为企业内部管理服务，侧重对企业的经济活动进行测试、确定较优经营和投资方案、分析差异原因、控制经营成本、对经济活动业绩进行考核和评价等。

二、会计的对象与目标

考点1　会计对象

会计对象是指会计核算和监督的内容，具体是指社会再生产过程中能以货币表现的经济活动，即资金运动或价值运动。因此，凡是特定主体能够以货币表现的经济活动，都是会计核算和监督的内容，即会计对象。

由于各企业的性质不同，经济活动的内容不同，因此会计的具体对象也就不尽相同。下面以工业企业为例，说明工业企业会计的具体对象。工业企业的资金运动通常表现为资金投入、资金运用和资金退出三个过程。工业企业资金运动具体过程如图1-1所示。

1. 资金的投入

资金包括企业所有者（投资者）投入的资金和债权人投入的资金两部分，前者属于企业所有者权益，后者属于企业债权人权益即企业负债。投入企业的资金一部分构成流动资产，另一部分构成非流动资产。

2. 资金的运用

企业将资金运用于生产经营过程，就形成了资金的运用。它又可分为供应、生产、销售三个过程。

（1）供应过程：它是生产的准备过程。在供应过程中，企业购买原材料等劳动对象，发生材料费、运输费、装卸费等材料采购成本，与供应单位发生货款的结算关系。

（2）生产过程：在生产过程中，劳动者借助劳动手段将劳动对象加工成特定产品，发生原材料消耗的材料费、固定资产磨损的折旧费、生产工人劳动耗费的人工费等，同时，

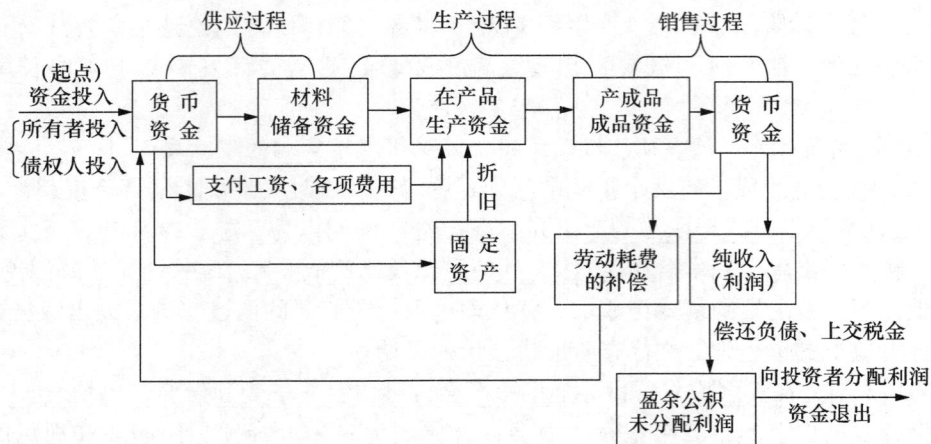

图1-1 工业企业资金运动

还将发生企业与工人之间的工资结算关系、与有关单位之间的劳务结算关系等。

（3）销售过程：在销售过程中，将生产的产品销售出去，发生有关销售费用、收回货款等业务活动，并同购货单位发生货款结算关系等。

由此可见，随着生产经营活动的进行，企业的资金从货币形态开始，依次经过供应过程、生产过程和销售过程三个阶段，分别表现为储备资金、生产资金、产品资金等不同的存在形态，最后又回到货币资金形态，这种运动过程称为资金的循环。资金周而复始地不断循环，称为资金周转。

【提示】采购原材料和购入固定资产均属于"供应过程"中的业务；支付职工薪酬、计提固定资产折旧等属于"生产过程"中的业务。

3. 资金的退出

资金退出过程包括偿还各项债务、上交各项税费、向所有者分配利润等，这部分资金将离开企业，退出企业的资金的循环与周转。

考点2　会计目标

会计目标也称会计目的，是要求会计工作完成的任务或达到的标准，即向财务会计报告使用者提供与企业财务状况、经营成果和现金流量等有关的会计信息，反映企业管理层受托责任履行情况，有助于财务会计报告使用者作出经济决策。

1. 反映企业管理层受托责任履行情况

现代企业制度强调企业所有权和经营权相分离，企业管理层是受委托人之托经营管理企业及其各项资产，负有受托责任。

2. 向财务会计报告使用者提供决策有关信息

财务会计报告使用者主要包括投资者、债权人、政府及其有关部门和社会公众等。

向财务会计报告使用者提供有利于其决策的会计信息，强调会计信息的相关性，要求财务部门能提供企业财务状况、经营成果和现金流量等方面的信息。

典型例题

【例题1·判断题】会计是以货币为唯一计量单位，核算和监督一个单位经济活动的

一种经济管理工作。（   ）

【答案】×

【解析】货币是会计的主要计量单位，但不是唯一，必要时可以辅以时间（劳动）度量和实物度量。

【例题2·多选题】下列业务属于资金退出企业循环与周转的有（   ）。

A. 购买材料   B. 缴纳税费

C. 归还银行债务   D. 向投资者分配现金股利

【答案】BCD

【解析】资金的退出包括：偿还负债、上交税金、向投资者分配利润等。

第二节　会计的职能与方法

考纲重点分布

二、会计的职能与方法	1. 会计的职能	掌握
	2. 会计核算方法	掌握

考点精解

一、会计的职能

会计的职能是指会计在经济管理过程中所具有的功能。会计除具有会计核算和会计监督两大基本职能外，还具有预测经济前景、参与经济决策、评价经营业绩等拓展职能。

考点1　基本职能

1. 会计核算

（1）含义。会计核算职能又称会计反映职能，是指会计以货币为主要计量单位，对特定主体的经济活动进行确认、计量和报告。

会计确认是指运用特定的方法，以文字和金额同时描述某一交易或事项，使其金额反映在特定的主体财务报表的合计数中的会计程序。会计确认解决的是定性问题，以判断发生的经济活动是否属于会计核算的内容或归属于哪类性质的业务（是作为资产还是负债或其他会计要素等）。会计确认分为初始确认和后续确认。

会计计量是指在会计确认的基础上确定具体金额，会计计量解决的是定量问题。

会计报告是确认和计量的结果，即通过报告，将确认、计量和报告的结果进行归纳和整理，以财务报告的形式提供给信息使用者。

（2）特点。会计核算职能是会计的首要职能，具有以下三个方面的特点：

1）会计核算主要是利用货币计量单位对经济活动的数量进行核算。会计核算以货币量度为主，以实物量度及劳动量度为辅，从数量上综合核算各单位的经济活动状况。

2）会计核算具有完整性、连续性、系统性。完整性是指对所有的会计对象都要进行确认、计量和报告，不能有遗漏；连续性是指对各种经济业务应按照其发生的时间顺序依次进行登记；系统性是指对会计提供的数据资料应当按照科学的方法进行分类，系统地加工、整理、汇总，以便为经济管理提供其所需的各类会计信息。

3）会计核算不仅记录已发生的经济业务，还要面向未来，为各单位的经营决策和管理控制提供依据。会计要在事中、事后核算的同时进一步发展到事前核算、分析和预测经济前景，为经营管理决策提供更多的经济信息，这样才能更好地发挥会计的管理功能。

（3）会计核算的内容。

1）款项和有价证券的收付。款项（支付手段的货币资金）包括现金、银行存款及其他视同现金、银行存款使用的外埠存款、银行汇票存款、银行本票存款、信用证存款、保函押金和各种备用金。有价证券包括国库券、股票、企业债券和其他债券等。

2）财物的收发、增减和使用。财物是财产、物资的简称，是单位进行生产经营活动且具有实物形态的经济资源，一般包括原材料、燃料、包装物、低值易耗品、在产品、库存商品等流动资产以及房屋、建筑物、机器、设备、运输工具等固定资产。

3）债权债务的发生和结算。债权是企业收取款项的权利，包括应收账款、应收票据、其他应收款、预付账款、长期应收款等。债务是指由于过去的交易、事项形成的企业需要以资产或劳务等偿还的现时义务，包括短期借款、应付账款、应付票据、预收账款、应付职工薪酬、应交税费、应付股利和其他应付款、长期借款、应付债券等。

4）资本、基金的增减。资本是投资者为开展生产经营活动而投入的资金，会计上的资本专指所有者权益中的投入资本。资本表明的是企业的产权关系，即企业是归谁所有。

5）收入、支出、费用、成本的计算。收入是指企业在销售商品、提供劳务及让渡资产使用权等日常活动中所形成的，导致所有者权益增加的，与所有者投入资本无关的经济利益的总流入。支出是指企业实际发生的各项开支，以及在正常生产经营活动以外的支出和损失。费用是指企业为销售商品、提供劳务等日常活动所发生的导致所有者权益减少的与向所有者分配利润无关的经济利益的总流出。成本是指企业为生产产品、提供劳务而发生的种种耗费，是按一定产品或劳动对象所归集的费用，是对象化了的费用。

6）财务成果的计算和处理。财务成果是指企业在一定时期内通过从事生产经营活动而在财务上所取得的结果，具体表现为盈利或亏损。财务成果的计算和处理包括利润的计算、所得税的计算、利润分配或亏损弥补等。

7）需要办理会计手续、进行会计核算的其他事项。

2. 会计监督

（1）含义。会计监督职能又称会计控制职能，是指对特定主体经济活动和相关会计核算的真实性、合法性和合理性进行监督审查。

1）真实性审查是指检查各项会计核算是否根据实际发生的经济业务进行。

2）合法性审查是指检查各项经济业务是否符合国家有关法律法规，遵守财经纪律，执行国家的各项方针政策，以杜绝违法乱纪行为。

3）合理性审查是指检查各项财务收支是否符合客观经济规律及经营管理方面的要求，保证各项财务收支符合特定的财务收支计划，实现预算目标。

（2）特点。

1）会计监督主要是通过价值指标进行的。会计核算利用货币计量形成的价值指标来综合地反映经济活动过程及其结果，会计监督主要是依据这些价值指标来全面、及时、有效地控制单位的经济活动。

2）会计监督要对单位经济活动的全过程进行监督，分为事前监督、事中监督和事后监督。事前监督是指在经济活动开始前进行的监督，即依据国家制定的有关法规和制度以及经济活动的一般规律，对未来经济活动的合法性、合理性和可行性进行审查；事中监督是指对正在发生的经济活动过程及相应核算资料进行审查，并据此纠正经济活动过程中的偏差与失误，促使有关部门合理组织经济活动，使其按照预定目标与要求进行，发挥控制经济活动进程的作用；事后监督是指对已发生的经济活动进行监督，即依据事先制定的目标、标准和要求，通过分析已形成的会计信息，对已发生的经济活动的合法性、合理性和效益性进行的考核和评价。

3. 会计核算与会计监督的关系

会计核算与会计监督是相辅相成、辩证统一的。会计核算是会计监督的基础，没有核算所提供的各种信息，监督就失去了依据；会计监督又是会计核算质量的保障，只有核算没有监督，就难以保证核算所提供信息的真实性和可靠性。从两者在会计职能中的地位来看，虽然都是基本职能，但会计核算是最基本的，处于主导地位，而会计监督则存在于会计核算的过程之中。

考点2 拓展职能

1. 预测经济前景

会计预测是根据已有的会计信息和相关资料，对生产经营过程及其发展趋势进行判断、预计和估测，找到财务方面的预定目标，作为下一个会计期间实行经济活动的指标。

2. 参与经济决策

会计决策是指会计按照提供的预测信息和既定目标，在多个备选方案中，帮助主管人员选择最佳方案的过程。

3. 评价经营业绩

会计评价是以会计核算资料为基础，结合其他相关资料，运用专门的方法，对经济活动的过程和结果进行分析，作出真实、客观、公正的综合评判。

二、会计核算方法

会计核算方法是指对会计对象进行连续、系统、全面、综合的确认、计量和报告所采用的各种方法。

考点1 会计核算方法体系

会计核算方法体系由填制和审核会计凭证、设置会计科目和账户、复式记账、登记会计账簿、成本计算、财产清查、编制财务会计报告等专门方法构成。它们相互联系、紧密结合，确保会计工作有序进行。

1. 填制和审核会计凭证

会计凭证包括原始凭证和记账凭证，是记录经济业务、明确经济责任的书面证明，是会计登记账簿的依据。填制和审核会计凭证是会计核算工作的起点，正确填制和审核会计凭证，是进行核算和实施监督的基础。

2. 设置会计科目和账户

会计科目是对会计要素的具体内容所进行的进一步的分类。账户是根据会计科目开设的账页户头，账户具有一定的格式，是连续、系统地登记某一项经济业务的增减变动情况及其结果的载体。

3. 复式记账

复式记账是对发生的每一笔经济业务，都在两个或两个以上相互联系的账户中，以相等的金额反映这一经济业务来龙去脉的一种专门记账方法。复式记账是会计核算方法体系的核心。

4. 登记会计账簿

账簿是由若干张相互联系的、具有一定结构的账页所组成的簿籍。登记账簿是会计人员运用复式记账的原理，将数量繁多的会计凭证分门别类地在账簿上进行连续、完整地记录和反映各种经济业务的一种专门方法。账簿记录所提供的各种核算资料，是编制财务报表的直接依据。

5. 成本计算

成本计算是指对生产经营中发生的产品生产费用，按各种不同的成本计算对象进行归集和分配，进而计算产品的总成本和单位成本的一种专门方法。通过成本计算，可以反映和监督生产经营过程中发生的各项费用是否节约或超支，并据以确定企业经营成果。

6. 财产清查

财产清查是指通过对货币资金、实物资产和往来款项等财产物资进行盘点或核对，确定其实存数，查明账存数与实存数是否相符的一种专门方法。通过财产清查，可以查明各项财产物资的保管和使用情况，以及往来款项的结算情况，监督各项财产物资的安全与合理使用。

7. 编制财务会计报告

财务会计报告是以账簿资料为依据，全面、系统地反映企业在某一特定日期的财务状况或某一会计期间经营成果和现金流量的一种报告性文件。

会计核算的七种方法，虽各有特定的含义和作用，但并不是独立的，而是相互联系，相互依存，彼此制约的。它们构成了一个完整的方法体系。各种会计核算方法之间的关系如图 1 - 2 所示。

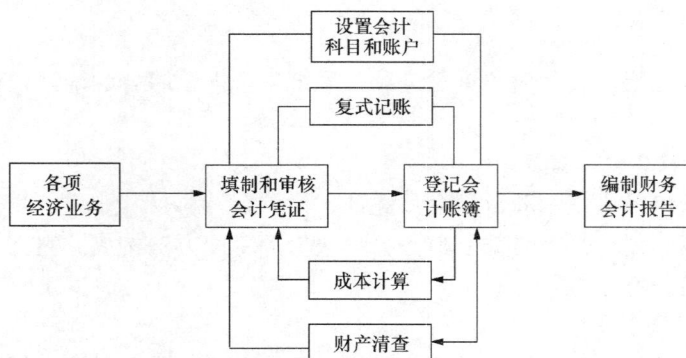

图 1 - 2　会计核算方法体系

考点 2　会计循环

会计循环是指按照一定的步骤反复运行的会计程序。从会计工作流程看，会计循环由确认、计量和报告等环节组成；从会计核算的具体内容看，会计循环由填制和审核会计凭证、设置会计科目和账户、复式记账、登记会计账簿、成本计算、财产清查、编制财务会计报告等组成。<u>填制和审核会计凭证是会计核算工作的起点</u>。

典型例题

【例题 1·单选题】 会计核算和会计监督（　　　）。

A. 主要体现在事前　　　　　　　B. 主要体现在事中

C. 主要体现在事后　　　　　　　D. 贯穿会计工作的全过程

【答案】 D

【解析】 会计基本职能贯穿会计工作的全过程。

【例题 2·多选题】 以下属于会计核算具体方法的是（　　　）。

A. 财产清查　　　　　　　　　　B. 复式记账

C. 设置会计科目和账户　　　　　D. 成本计算

【答案】 ABCD

【解析】 会计核算的具体方法包括：填制和审核会计凭证、设置会计科目和账户、复式记账、登记会计账簿、成本计算、财产清查和编制财务会计报告。

【例题 3·判断题】 会计确认、计量和分析是会计核算的重要环节。（　　　）

【答案】 ×

【解析】 会计核算又被称为会计的首要职能（最基本职能），以货币为主要计量单位，对特定主体的经济活动进行确认、计量和报告。

第三节　会计基本假设与会计基础

考纲重点分布

三、会计基本假设与会计基础	1. 会计基本假设	掌握
	2. 会计基础	掌握

考点精解

一、会计基本假设

考点　会计基本假设

会计基本假设是企业会计确认、计量和报告的前提，是对会计核算所处时间、空间环境等所作的合理假定。会计基本假设包括会计主体、持续经营、会计分期和货币计量。

1. 会计主体

会计主体是指会计所核算和监督的特定单位或者组织，是会计确认、计量和报告的空间范围。明确界定会计主体是开展会计确认、计量和报告工作的重要前提。明确会计主体，才能划定会计所要处理的各项交易或事项的范围，才能将会计主体的交易或者事项与会计主体所有者的交易或者事项以及其他会计主体的交易或者事项区分开来。

会计主体与法律主体（法人）并非对等的概念。一般来说法律主体必然是会计主体，会计主体不一定是法律主体。如一个企业作为一个法律主体，应当建立财务会计系统，独立反映其财务状况、经营成果和现金流量。但会计主体不一定是法律主体。又如在企业集团的情况下，一个母公司拥有若干子公司，母子公司虽然是不同的法律主体，但是母公司对子公司拥有控制权，为了全面反映企业集团的财务状况、经营成果和现金流量，就有必要将企业集团作为一个会计主体，编制合并财务报表，在这种情况下，尽管企业集团不属于法律主体，但它却是会计主体。再如由企业管理的证券投资基金、企业年金基金，尽管不属于法律主体，但属于会计主体，应当对每项基金进行会计确认、计量和报告。

【提示】（1）会计主体是企业会计确认、计量和报告的空间范围。

（2）法律主体必然是会计主体，会计主体不一定是法律主体。

2. 持续经营

持续经营是指在可以预见的未来，企业会按当前的规模和状态继续经营下去，不会停业，也不会大规模削减业务。依据《企业会计准则——基本准则》规定，企业会计确认、计量和报告应当以持续经营为前提。

会计核算所使用的一系列会计处理原则、会计处理方法都是建立在会计主体持续经营的前提下。

持续经营只是一个假定，任何企业在经营中都存在破产、清算等不能持续经营的风险，一旦进入清算，就应当按清算会计处理。

【提示】（1）持续经营反映了会计核算的时间范围。

（2）持续经营是会计分期的前提。

3. 会计分期

会计分期是指将一个企业持续经营的生产经营活动划分为一个个连续的，长短相同的期间，以便分期结算账目和编制财务会计报告。

根据《企业会计准则——基本准则》规定，会计分期分为年度和中期。

【提示】（1）一个完整的会计年度指的是从公历1月1日到12月31日。

（2）中期是指短于一个完整会计年度的报告期间，通常包括月度、季度、半年度。

明确会计分期假设意义重大。由于有了会计分期，才产生了本期与非本期的区别，才产生了权责发生制和收付实现制的区别，进而出现了应收、应付、预收、预付、折旧、摊销等会计处理方法。

4. 货币计量

货币计量是指会计主体在会计确认、计量和报告时以货币作为计量尺度，反映会计主体的经济活动。

货币是商品的一般等价物，是一般商品价值的共同尺度，具有价值尺度、流通手段、贮藏手段和支付手段等特点。

《会计法》第 12 条规定："会计核算以人民币为记账本位币。业务收支以人民币以外的货币为主的单位，也可以选定其中一种货币作为记账本位币，但是编报的财务会计报告应当折算为人民币。"

上述四项会计基本假设相互依存、相互补充。没有会计主体，就不会有持续经营，没有持续经营，就不会有会计分期，没有货币计量就不会有现代会计。

二、会计基础

会计基础是会计确认、计量和报告的基础，包括权责发生制和收付实现制。

考点1 权责发生制

权责发生制，也称应计制或应收应付制，是指收入、费用的确认应当以收入和费用的实际发生作为确认的标准，合理确认当期损益的一种会计基础。《企业会计准则——基本准则》明确规定，企业应当以权责发生制为基础进行会计确认、计量和报告。

在权责发生制下，凡是当期已经实现的收入和已经发生或应当负担的费用，无论款项是否收付，都应当作为当期的收入和费用，计入利润表；凡是不属于当期的收入和费用，即使款项已在当期收付，也不应当作为当期的收入和费用。

考点2 收付实现制

收付实现制，也称现金制，是以收到或支付现金作为确认收入和费用的标准，是与权责发生制相对应的一种会计基础。凡是本期收到的收入和支付的费用，不论其是否属于本期，都应作为本期的收入和费用处理；反之，凡是本期未收到的收入和未支付的费用，即使应归属本期，也不作为本期的收入和费用处理。

目前，我国的政府与非营利组织会计一般采用收付实现制，事业单位除经营业务采用权责发生制外，其他业务也采用收付实现制。

典型例题

【例题1·单选题】用来界定会计核算空间范围的是（　　）。
A. 会计主体　　　B. 持续经营　　　C. 会计分期　　　D. 货币计量
【答案】A
【解析】会计主体用来界定会计核算的空间范围。

【例题2·单选题】会计分期是对（　　）的延续。
A. 会计主体　　　B. 持续经营　　　C. 货币计量　　　D. 会计分期
【答案】B
【解析】会计分期是对持续经营的延续。

第四节 会计信息的使用者及其质量要求

考纲重点分布

四、会计信息的使用者及	1. 会计信息的使用者	了解
其质量要求	2. 会计信息的质量要求	掌握

考点精解

一、会计信息的使用者

考点 会计信息的使用者

会计信息的使用者包括企业管理者、投资者和潜在投资者、债权人、政府及其相关部门和社会公众等。

【提示】 企业管理者属于企业内部的会计信息使用者，投资者和潜在投资者、债权人、政府及其相关部门和社会公众属于企业外部的会计信息使用者。

二、会计信息的质量要求

考点 会计信息的质量要求

会计信息质量要求是对企业财务会计报告中所提供高质量会计信息的基本规范，是使财务会计报告中所提供会计信息对投资者等使用者决策有用应具备的基本特征，包括可靠性、相关性、可理解性、可比性、实质重于形式、重要性、谨慎性和及时性等。

1. 可靠性

企业应当以实际发生的交易或者事项为依据进行会计确认、计量和报告，如实反映符合确认和计量要求的各项会计要素及其他相关信息，保证会计信息真实可靠、内容完整。

可靠性要求具体体现：

（1）企业应当以实际发生的交易或者事项为依据进行会计确认、计量和报告，如实反映其所应反映的交易或者事项。

（2）企业应当在符合重要性和成本效益原则的前提下，保证会计信息的完整性。

（3）在财务报告中的会计信息应当是中立的、无偏的。

2. 相关性

企业提供的会计信息，应当与财务报告使用者的经济决策需要相关，有助于财务报告使用者对企业过去、现在或者未来的情况作出评价或者预测。

【提示】 会计信息的相关性应以可靠性为基础，在可靠性的前提下尽可能做到相关性，不能把两者对立起来。

3. 可理解性

企业提供的会计信息应当清晰明了，简明扼要，数据记录和文字说明能一目了然地反映经济活动的来龙去脉，便于财务报告使用者理解和使用。

4. 可比性

可比性要求企业提供的会计信息应当相互可比。具体包括下列两层含义：

（1）同一企业不同时期可比（纵向可比）。同一企业不同时期发生的相同或相似的交易或事项，应当采用一致的会计政策，不得随意变更。确需变更的，应当在附注中说明。

（2）不同企业相同会计期间可比（横向可比）。不同企业同一会计期间发生的相同或相似的交易或事项，应当采用规定的会计政策，确保会计信息口径一致，相互可比。

5. 实质重于形式

企业应当按照交易或者事项的经济实质进行会计确认、计量和报告，不应仅以交易或者事项的法律形式为依据。

企业发生的交易或事项在多数情况下，其经济实质和法律形式是一致的。但在有些情况下，会出现不一致。如企业融资租入的固定资产，虽然从法律上所有权仍属于出租人，但由于租赁期占其使用寿命的大部分，且租赁期满承租企业有优先购买该资产的选择权，最主要的是，租赁期间经济利益归承租人所有，所以，按照实质重于形式的原则，融资租入固定资产应视为自有固定资产核算，列入承租企业的资产负债表中。

6. 重要性

企业提供的会计信息应当反映与企业财务状况、经营成果和现金流量有关的所有重要交易或者事项。

对重要会计事项，必须按照规定的会计方法和程序进行处理，并在财务报告中予以充分、准确地披露；对于次要的会计事项，在不影响会计信息真实性和不至于误导财务报告使用者作出正确判断的前提下，可适当简化处理。

7. 谨慎性

谨慎性要求企业对交易或者事项进行会计确认、计量和报告应当保持应有的谨慎，不应高估资产或者收益、低估负债或者费用。

在市场经济条件下，企业面对的是有风险的市场，其经营活动存在着大量的不确定因素，为了避免风险和不确定性的发生给企业正常经营带来的严重影响，在会计核算工作中应坚持谨慎性，充分估计各种风险，合理预计可能发生的各项费用和损失，并予以入账。如企业对可能发生的资产减值损失计提资产减值准备、对固定资产采用加速折旧法计提折旧以及对售出商品可能发生的保修义务确认预计负债等，就体现了这一要求。

需要注意的是，谨慎性的应用并不允许企业设置秘密准备，否则，会损害会计信息质量，扭曲企业实际的财务状况和经营成果，从而对使用者的决策产生误导，这是不符合会计准则要求的。

8. 及时性

及时性要求企业对于已经发生的交易或者事项，应当及时进行会计确认、计量和报告，不得提前或者延后。

典型例题

【例题1·多选题】以下核算体现了会计信息质量的谨慎性要求的有(　　)。

A. 将融资租入资产视为承租企业自有资产核算

B. 对应收账款计提坏账准备

C. 对固定资产采用加速法计提折旧

D. 对库存商品等存货计提跌价准备

【答案】BCD

【解析】谨慎性要求不应高估资产或者收益、低估负债或者费用。选项 A 体现实质重于形式要求。

【例题 2·单选题】下列不属于会计信息质量要求的是（   ）。

A. 重要性   B. 谨慎性   C. 权责发生制   D. 实质重于形式

【答案】C

【解析】权责发生制属于会计基础。

第五节　会计准则体系

考纲重点分布

五、会计准则体系	1. 会计准则的构成	了解
	2. 企业会计准则	了解
	3. 小企业会计准则	了解
	4. 事业单位会计准则	了解

考点精解

一、会计准则的构成

会计准则是反映经济活动、确认产权关系、规范收益分配的会计技术标准，是生成和提供会计信息的重要依据，也是政府调控经济活动、规范经济秩序、引导社会资源合理配置、保护投资者和社会公众利益，以及开展国际经济交往等的重要手段。会计准则具有严密和完整的体系。我国已颁布的会计准则有《企业会计准则》、《小企业会计准则》和《事业单位会计准则》。

二、企业会计准则

《企业会计准则》由财政部制定，于 2006 年 2 月 15 日发布，自 2007 年 1 月 1 日起在上市公司范围内施行，并鼓励其他企业执行。该准则对加强和规范企业会计行为，提高企业经营管理水平和会计规范处理，促进企业可持续发展起到指导作用。我国的企业会计准则体系包括基本准则、具体准则、应用指南和解释公告等。

考点 1　基本准则

基本准则是企业进行会计核算工作必须遵守的基本要求，是企业会计准则体系的概念基础，是制定具体准则、会计准则应用指南、会计准则解释的依据，也是解决新的会计问题的指南，在企业会计准则中具有重要的地位。

基本准则包括以下内容：①财务会计报告目标；②会计基本假设；③会计基础；④会计信息质量要求；⑤会计要素分类及其确认、计量原则；⑥财务会计报告。

考点 2　具体准则

具体准则是在基本准则的指导下，处理会计具体业务标准的规范。<u>其具体内容分为一般业务准则、特殊业务准则和报告类准则三大类</u>。目前，财政部已发布包括存货、长期股权投资、公允价值计量、合营安排以及在其他主体中权益的披露等 41 个具体准则。

1. 一般业务准则

一般业务会计准则是规范各类企业一般经济业务确认、计量的准则，<u>包括存货、长期股权投资、固定资产、投资性房地产、无形资产、职工薪酬、收入、所得税</u>等。

2. 特殊业务准则

<u>特殊业务准则可分为各行业共有的特殊业务准则和特殊行业的特殊业务准则</u>，前者如外币业务、租赁业务、资产减值业务、债务重组业务、非货币性交易业务等准则；后者如适用于银行等金融领域的原保险合同、再保险合同，适用于石油企业的石油天然气开采准则，适用于农牧业和生物资产准则等。

3. 报告类准则

报告类准则主要规范普遍适用于各类企业的报告类准则，如财务报表列报、现金流量表、中期财务报表、合并财务报表等准则。

考点 3　应用指南

应用指南从不同角度对企业具体准则进行细化，解决实务操作，是对具体准则相关条款的细化和对有关重点、难点问题提供操作性规定，包括具体准则解释部分、会计科目和财务报表部分。

考点 4　解释公告

解释公告是对企业会计准则实施过程中出现的新情况、新问题所作出的解释，目的是在保持已有会计准则体系相对稳定的同时，对会计准则在新情况、新问题下的更好应用作出说明，解释公告与具体会计准则具有同等效力。

三、小企业会计准则

<u>小企业一般是指规模较小或处于创业和成长阶段的企业</u>，包括规模在规定标准以下的法人企业和自然人企业。

为了促进小企业发展以及财税政策日益丰富完善，形成以税费减免、资金支持、公共服务等为主要内容的促进中小企业发展的财税政策体系。2011 年 10 月 18 日，财政部发布了《小企业会计准则》，要求符合条件的<u>小企业自 2013 年 1 月 1 日起执行</u>。《小企业会计准则》一般适用于在我国境内依法设立、经济规模较小的企业。

《小企业会计准则》分为总则、资产、负债、所有者权益、收入、费用、利润及利润分配、外币业务、财务报表、附则十章 90 条。

小企业的财务报表包括资产负债表、利润表、现金流量表和附注。

【提示】《小企业会计准则》简化了会计确认的程序和方法，如确认对外投资时仅区分短期投资、长期债权投资、长期股权投资，不划分为交易性金融资产、可供出售金融资产和持有至到期投资等内容；长期股权投资统一采用成本法核算；债券的溢折价摊销统一采用直线法；所得税核算采用应付税款法等。

四、事业单位会计准则

2012 年 12 月 6 日，财政部修订发布了《事业单位会计准则》，自 2013 年 1 月 1 日起在各类事业单位施行。该准则对我国事业单位的会计工作予以规范，分为总则、会计信息质量要求、资产、负债、净资产、收入、支出或者费用、财务会计报告和附则等。与《企业会计准则》相比，《事业单位会计准则》的主要特点有：①要求事业单位采用收付实现制进行会计核算，部分另有规定的经济业务或事项才能采用权责发生制核算；②将事业单位的会计要素划分为资产、负债、净资产、收入、支出（或费用）五类；③要求事业单位的会计报表至少包括资产负债表、收入支出表（或收入费用表）和财政补助收入支出表。

总结：企业与小企业准则、企业与事业单位准则区别如表 1-1 所示。

表 1-1 企业与小企业准则、企业与事业单位准则区别

单位	区别
企业与小企业	(1) 会计计量属性不同 (2) 会计科目设置不同 (3) 业务处理方法不同：企业集团涉及报表合并，小企业不涉及；小企业简化处理业务
企业与事业单位	(1) 企业分为资产、负债、所有者权益、收入、费用、利润 (2) 事业单位分为资产、负债、净资产、收入、费用或支出

典型例题

【例题 1·判断题】《小企业会计准则》一般情况下适用于在我国境内依法设立、经济规模较小的企业。（   ）

【答案】 √

【解析】《小企业会计准则》一般适用于在我国境内依法设立、经济规模较小的企业。

【例题 2·判断题】《事业单位会计准则》要求事业单位采用权责发生制进行会计核算。

【答案】 ×

【解析】《事业单位会计准则》要求事业单位采用收付实现制进行会计核算，部分另有规定的经济业务或事项才能采用权责发生制核算。

【例题 3·单选题】 下列各项中，不属于《企业会计准则》中具体准则规范的会计处理内容是（   ）。

A. 长期股权投资　　　　　　　　　B. 会计计量属性与运用原则

C. 投资性房地产   D. 存货

【答案】B

【解析】会计计量属性与运用原则属于《企业会计准则》中基本准则规范的内容，不属于《企业会计准则》中具体准则规范的内容。

【例题4·单选题】根据《小企业会计准则》的要求，下列不属于小企业对外投资划分类别的是（ ）。

A. 交易性金融资产   B. 长期股权投资

C. 短期投资   D. 长期债权投资

【答案】A

【解析】本题考核《小企业会计准则》。《小企业会计准则》简化了会计确认的程序和方法，如确认对外投资时仅区分短期投资、长期债权投资、长期股权投资，不划分为交易性金融资产、可供出售金融资产和持有至到期投资等内容。

【例题5·多选题】会计准则具有严密和完整的体系。我国颁布的会计准则有（ ）。

A.《企业会计准则》   B.《小企业会计准则》

C.《事业单位会计准则》   D.《大企业会计准则》

【答案】ABC

【解析】会计准则具有严密和完整的体系。我国已颁布的会计准则有《企业会计准则》、《小企业会计准则》、《事业单位会计准则》。

【例题6·多选题】《企业会计准则》和《小企业会计准则》的不同点有（ ）。

A. 会计基础   B. 会计计量属性

C. 会计信息质量要求   D. 会计科目设置

【答案】BD

【解析】《企业会计准则》和《小企业会计准则》的会计计量属性、会计科目设置以及业务处理方法不同。

第二章 会计要素与会计等式

章节简介

本章主要对会计要素的含义、特征、确认条件与构成；常用的会计计量属性；会计等式的表现形式和基本经济业务的类型等内容进行了详细讲解。

第一节 会计要素

考纲重点分布

一、会计要素	1. 会计要素的含义与分类	熟悉
	2. 会计要素的确认	掌握
	3. 会计要素的计量	掌握

考点精解

一、会计要素的含义与分类

考点1 会计要素的含义

为了具体实施会计核算，需要对会计核算和监督的内容进行分类。会计要素是指根据交易或事项的经济特征所确定的财务会计对象的基本分类。

考点2 会计要素的分类

我国《企业会计准则——基本准则》将会计要素划分为资产、负债、所有者权益、收入、费用和利润六类。其中，资产、负债和所有者权益反映企业在一定日期的财务状况，是对企业资金运动的静态反映，属于静态要素，在资产负债表中列示；收入、费用和利润反映企业在一定时期内的经营成果，是对企业资金运动的动态反映，属于动态要素，在利润表中列示。

二、会计要素的确认

考点1　资产

1. 资产的定义

资产是指企业<u>过去</u>的交易或事项形成的、由企业<u>拥有或控制</u>的、<u>预期会给企业带来经济利益</u>的资源。

2. 资产的特征

（1）<u>资产是由企业过去的交易或者事项形成的</u>。资产是过去已经发生的交易或事项所产生的结果，资产必须是现实的资产，而不能是预期的资产。未来交易或事项可能产生的结果不能作为资产确认。如企业有购买某存货的意愿或者计划，但是购买行为尚未发生，不符合资产的定义，就不能作为企业的资产。

（2）<u>资产是企业拥有或控制的资源</u>。这里的"拥有"是指企业享有某项资源的所有权；"控制"是指<u>企业虽然不享有某项资源的所有权，但该资源能被企业所控制</u>。如<u>融资租入的固定资产</u>，对承租方而言，尽管其并不拥有该资源的所有权，但租赁合同规定的租赁期相当长，接近该资产的使用寿命，承租方实际控制了该资产的使用及其能带来的经济利益，所以承租方应将其作为资产确认。

（3）资产预期会给企业带来经济利益。指资产直接或者间接导致现金或现金等价物流入企业的潜力。<u>资产预期能为企业带来经济利益是资产的重要特征</u>。如果一项资产不能再给企业带来经济利益，则不能作为企业的资产来管理，而应作为费用或损失处理。例如，一条在技术上已经被淘汰的生产线，尽管其实物形态仍然存在，但它实际上已经不能再用于产品生产，<u>不能为企业带来经济利益，它就不应继续作为企业的资产</u>，而应在其失去为企业创造未来经济利益的时候，确认为一项损失。

3. 资产的确认条件

将一项资源确认为资产，除了需要符合资产的定义，还应同时满足以下两个条件：

（1）<u>与该项资源有关的经济利益很可能流入企业</u>。从资产的定义可以看到，能带来经济利益是资产的一个本质特征，但在现实生活中，由于经济环境瞬息万变，与资源有关的经济利益能否流入企业或者能够流入多少实际上带有不确定性。因此，在确定资产时还应关注经济利益流入企业的可能性。

（2）<u>该资源的成本或者价值能够可靠地计量</u>。财务会计系统是一个确认、计量和报告的系统，其中可计量性是所有会计要素确认的重要前提，资产的确认也是如此。只有当有关资源的成本或者价值能够可靠地计量时，资产才能予以确认。在实务中，企业取得许多资产都需要付出成本。如企业购买或生产的存货、企业购置的厂房或者设备等，对于这些资产，只有成本能够可靠计量，才能视为符合了资产确认的可计量条件。需要说明的是，在某些情况下，企业取得的资产尽管没有发生实际成本或者发生的实际成本很小，但是如果其公允价值能够可靠计量，也被认为符合了资产可计量性的确认条件。如企业持有的某些衍生金融工具形成的资产。

4. 资产的分类

<u>资产按流动性进行分类</u>，可以分为流动资产和非流动资产（见图2-1）。

流动资产是指预计在<u>一个正常营业周期中变现、出售或耗用</u>，或者主要以交易为目的

而持有，或者预计在资产负债表日起一年内（含一年）变现的资产，以及自资产负债表日起一年内交换其他资产或清偿负债的能力不受限制的现金或现金等价物。流动资产主要包括货币资金、交易性金融资产、应收票据、应收账款、预付账款、应收利息、应收股利、其他应收款、存货等。

非流动资产是指流动资产以外的资产，主要包括固定资产、在建工程、工程物资、投资性房地产、无形资产、长期股权投资、持有至到期投资、其他资产等。

一个正常营业周期是指企业从购买用于加工的资产起至实现现金或现金等价物的期间。正常营业周期通常短于一年，在一年内有几个营业周期。但是，也存在正常营业周期长于一年的情况，在这种情况下，与生产循环相关的产成品、应收账款、原材料尽管是超过一年才变现、出售或耗用，仍应作为流动资产。当正常营业周期不能确定时，应当以一年（12个月）作为正常营业周期。

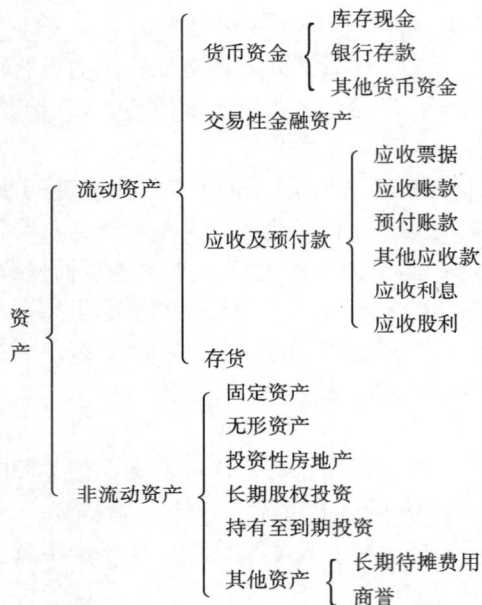

图2-1 资产分类

考点2 负债

1. 负债的定义

负债是指企业过去的交易或事项中形成的、预期会导致经济利益流出企业的现时义务。

2. 负债的特征

（1）负债是由企业过去的交易或者事项形成的。负债应当由企业过去的交易或者事项所形成。换句话说，只有过去的交易或者事项才形成负债，企业将在未来发生的承诺、签订的合同等交易或者事项，不形成负债。

（2）负债的清偿预期会导致经济利益流出企业。负债通常是在未来某一日期通过交付资产（包括现金和其他资产）或提供劳务来清偿。有时，<u>企业也可以通过承诺新的负债或转化为所有者权益来了结一项现有的负债</u>，但最终都会导致企业经济利益的流出。

（3）负债是<u>企业承担的现时义务</u>。它是负债的一个基本特征。其中，<u>现时义务是指企业在现行条件下已承担的义务</u>。未来发生的交易或者事项形成的义务，不属于现时义务，不应当确认为负债。

3. 负债的确认条件

将一项现时义务确认为负债，除了需要符合负债的定义，还应当同时满足以下两个条件：

（1）<u>与该义务有关的经济利益很可能流出企业</u>。从负债的定义可以看到，预期会导致经济利益流出企业是负债的一个本质特征。在实务中，履行义务所需流出的经济利益带有不确定性，因此，负债的确认应当与经济利益流出的不确定性程度的判断结合起来。

（2）<u>未来流出的经济利益的金额能够可靠地计量</u>。负债的确认在考虑经济利益流出企业的同时，对于未来流出的经济利益的金额应当能够可靠计量。

4. 负债的分类

按偿还期限的长短，一般将负债分为流动负债和非流动负债（见图2-2）。

流动负债是指预计在一个正常营业周期中偿还，或者主要为交易目的而持有，或者自资产负债表日起一年内（含一年）到期应予以清偿，或者企业无权自主地将清偿推迟至资产负债表日以后一年以上的负债。流动负债主要包括短期借款、应付票据、应付账款、预收款项、应付职工薪酬、应交税费、应付利息、应付股利、其他应付款等。

非流动负债是指流动负债以外的负债，主要包括长期借款、应付债券、长期应付款等。

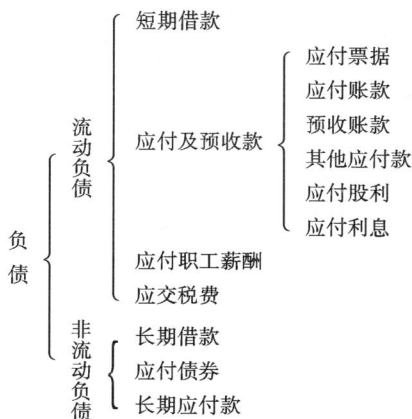

图 2-2 负债分类

考点3 所有者权益

1. 所有者权益的定义

所有者权益是指企业资产减去负债后由所有者享有的<u>剩余权益</u>，其金额为资产减去负债后的余额。<u>公司的所有者权益又称为股东权益</u>。

2. 所有者权益的特征

（1）除非发生减资、清算或分派现金股利，企业不需要偿还所有者权益。

（2）企业清算时，只有在清偿所有的负债后，所有者权益才返还给所有者。

（3）所有者凭借所有者权益能够参与企业利润的分配。

3. 所有者权益的确认条件

所有者权益的确认、计量主要取决于资产、负债、收入、费用等其他会计要素的确认和计量。所有者权益在数量上等于企业资产总额扣除债权人权益后的净额，即为企业的净资产，反映所有者（股东）在企业资产中享有的经济利益。

4. 所有者权益的分类

所有者权益的来源包括所有者投入的资本、直接计入所有者权益的利得和损失、留存收益等，具体表现为实收资本（或股本）、资本公积（含资本溢价或股本溢价、其他资本公积）、盈余公积和未分配利润（见图2-3）。

（1）所有者投入的资本是指所有者投入企业的资本部分，它既包括构成企业注册资本（实收资本）或者股本部分的金额，也包括投入资本超过注册资本或者股本部分的金额，即资本溢价或者股本溢价，这部分投入资本在我国企业会计准则体系中被计入了资本公积，并在资产负债表中的资本公积项目反映。

（2）直接计入所有者权益的利得和损失，是指不应计入当期损益、导致所有者权益发生增减变动的、与所有者投入资本或者向所有者分配利润无关的利得或者损失。

（3）留存收益是指企业在历年生产经营活动中取得的净利润的留存额。在我国留存收益主要包括盈余公积和未分配利润两部分。

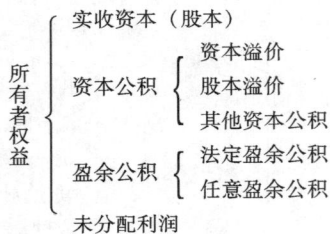

```
              ┌ 实收资本（股本）
              │
              │              ┌ 资本溢价
所 │          │ 资本公积     ┤ 股本溢价
有 │          │              └ 其他资本公积
者 ┤          ┤
权 │          │              ┌ 法定盈余公积
益 │          │ 盈余公积     ┤
              │              └ 任意盈余公积
              └ 未分配利润
```

图2-3 所有者权益分类

考点4 收入

1. 收入的定义

收入是指企业在日常活动中形成的、会导致所有者权益增加的、与所有者投入资本无关的经济利益的总流入。

2. 收入的特征

（1）收入是企业在日常活动中形成的。日常活动是指企业为完成其经营目标所从事的经常性活动以及与之相关的活动，如工业企业制造并销售产品、商业企业销售商品、安装公司提供安装服务、租赁公司出租资产等，均属于企业日常活动。需要说明的是，企业出售固定资产不是在日常经营活动中经常发生的业务，只是偶然性发生的业务，因此，不将其认定为日常活动。

（2）收入导致所有者权益的增加。与收入相关的经济利益的流入最终应当会导致所有者权益增加，不会导致所有者权益增加的经济利益的流入不符合收入的定义，不应确认为收入。

（3）收入是与所有者投入资本无关的经济利益的总流入。收入应当会导致经济利益的流入，从而导致资产的增加。如企业销售商品，应当收到现金或者有权在未来收到现金，才表明该交易符合收入的定义。但是在实务中，经济利益的流入有时是所有者投入资本的增加所导致的，所有者投入资本的增加不应当确认为收入，而应当将其确认为所有者权益。

3. 收入的确认条件

（1）与收入相关的经济利益应当很可能流入企业。

（2）经济利益流入企业的结果会导致资产的增加或者负债的减少。

（3）经济利益的流入额能够可靠计量。

4. 收入的分类

根据重要性要求，企业的收入可以分为主营业务收入和其他业务收入（见图2－4）。主营业务收入是由企业的主营业务所带来的收入；其他业务收入是除主营业务活动以外的其他经营活动实现的收入。以工业企业为例，其中主营业务收入是指企业销售商品、提供劳务等主要业务所实现的收入；其他业务收入是指企业除主营业务活动以外的其他经营活动实现的收入，如出租固定资产、出租无形资产、出租包装物和商品、销售材料等实现的收入。

收入按性质不同，可分为销售商品收入、提供劳务收入、让渡资产使用权收入等。销售商品收入是指企业通过销售商品实现的收入，如制造企业生产并销售产品、商业企业销售商品等实现的收入；提供劳务收入是指企业通过提供劳务实现的收入，如咨询公司提供咨询服务实现的收入；让渡资产使用权收入是指企业通过让渡资产使用权实现的收入，如租赁公司出租资产实现的收入。

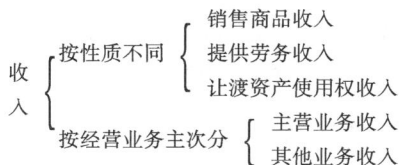

$$
收入\begin{cases} 按性质不同 \begin{cases} 销售商品收入 \\ 提供劳务收入 \\ 让渡资产使用权收入 \end{cases} \\ 按经营业务主次分 \begin{cases} 主营业务收入 \\ 其他业务收入 \end{cases} \end{cases}
$$

图2－4　收入分类

考点5　费用

1. 费用的定义

费用是指企业在日常活动中发生的、导致所有者权益减少的、与向所有者分配利润无关的经济利益的总流出。

2. 费用的特征

（1）费用是企业在日常活动中发生的。将费用界定为"日常活动"发生的总流出，是为了将其与损失相区分。企业非日常活动中所形成的经济利益流出不能确认为费用，而应当计入损失。

（2）费用导致所有者权益减少。与费用相关的经济利益的流出，既可能表现为资产的减少，如减少银行存款、库存现金、原材料等；也可能表现为负债的增加，如增加应付职工薪酬、应交税费等。与费用相关的经济利益的流出应当导致所有者权益的减少，不会导致所有者权益减少的经济利益的流出不符合费用的定义，不应确认为费用。

（3）费用是与向所有者分配利润无关的经济利益的总流出。企业向所有者分配利润也会导致经济利益流出，而该经济利益的流出属于所有者权益的抵减项目，不应确认为费用，应当将其排除在费用的定义之外。

3. 费用的确认条件

（1）与费用相关的经济利益很可能流出企业。

（2）经济利益流出企业的结果导致资产的减少或者负债的增加。

（3）经济利益的流出额能够可靠计量。

4. 费用的分类

费用是为了实现收入而发生的支出，应与收入配比确认、计量。费用包括生产费用与期间费用（见图 2 - 5）。

生产费用是指与企业日常生产经营活动有关的费用，按其经济用途可分为直接材料、直接人工和制造费用。生产费用应按其实际发生情况计入产品的生产成本；对于生产几种产品共同发生的生产费用，应当按照受益原则，采用适当的方法和程序分配计入相关产品的生产成本。企业的产品销售以后，其生产成本就转换为销售当期的费用，成为产品的销售成本。

期间费用是指企业本期发生的、不能直接或间接归入产品生产成本，而应直接计入当期损益的各项费用，包括管理费用、销售费用和财务费用。

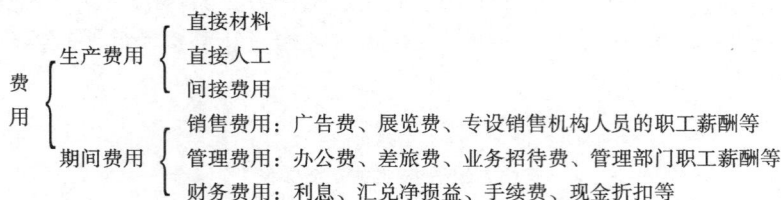

```
        ┌ 生产费用 ┌ 直接材料
        │          │ 直接人工
费       │          └ 间接费用
用       │          ┌ 销售费用：广告费、展览费、专设销售机构人员的职工薪酬等
        └ 期间费用 │ 管理费用：办公费、差旅费、业务招待费、管理部门职工薪酬等
                   └ 财务费用：利息、汇兑净损益、手续费、现金折扣等
```

图 2 - 5　费用分类

5. 成本和费用的联系与区别

联系：成本是按一定对象归集的费用，是对象化了的费用。

区别：成本与一定种类和数量的产品相联系，而不论发生在哪一个会计期间；费用是资产的耗费，与一定的会计期间相联系而与生产哪一种产品无关。

考点 6　利润

1. 利润的含义与特征

利润是指企业在一定会计期间的经营成果。通常情况下，如果企业实现了利润，表明企业的所有者权益将增加，业绩得到了提升；反之，如果企业发生了亏损（即利润为负数），表明企业的所有者权益将减少，业绩下降。利润是评价企业管理层业绩的指标之一，也是投资者等财务会计报告使用者进行决策时的重要参考依据。

2. 利润的确认条件

利润反映收入减去费用、直接计入当期利润的利得减去损失后的净额。利润的确认主要依赖收入和费用，以及直接计入当期利润的利得和损失的确认，其金额的确定也主要取决于收入、费用、利得、损失金额的计量。

3. 利润的分类

利润包括收入减去费用后的净额、直接计入当期损益的利得和损失等。其中，收入减去费用后的净额反映企业日常活动的经营业绩；直接计入当期损益的利得和损失反映企业非日常活动的业绩。

直接计入当期损益的利得和损失，是指应当计入当期损益、最终会引起所有者权益发生增减变动的、与所有者投入资本或者向所有者分配利润无关的利得或者损失。企业应当严格区分收入和利得、费用和损失，以便全面反映企业的经营业绩。

利润按构成内容不同可分为营业利润、利润总额和净利润。

（1）营业利润＝营业收入－营业成本－营业税金及附加－销售费用－管理费用－财务费用－资产减值损失－公允价值变动损失（＋公允价值变动收益）－投资损失（＋投资收益）

其中：营业收入＝主营业务收入＋其他业务收入

营业成本＝主营业务成本＋其他业务成本

（2）利润总额＝营业利润＋营业外收入－营业外支出

（3）净利润＝利润总额－所得税费用

三、会计要素的计量

会计要素的计量是为了将符合确认条件的会计要素登记入账并列报于财务报表而确定其金额的过程。企业应当按照规定的会计计量属性进行计量，确定相关金额。

考点1 会计计量属性及其构成

会计计量属性是指会计要素的数量特征或外在表现形式，反映了会计要素金额的确定基础，主要包括历史成本、重置成本、可变现净值、现值和公允价值等。

1. 历史成本

历史成本又称实际成本，是指取得或制造某项财产物资时所实际支付的现金或者其他等价物。历史成本计量是指按照资产购置时支付的现金或现金等价物的金额，或按照购置资产时所付出的对价的公允价值计量；负债按照其因承担现时义务而实际收到的款项或者资产的金额，或者承担现时义务的合同金额，或者按照日常活动中为偿还负债预期需要支付的现金或现金等价物的金额计量。

历史成本计量，要求对企业资产、负债和所有者权益等项目的计量，应当基于经济业务的实际交易成本，而不考虑随后市场价格变动的影响。

2. 重置成本

重置成本又称现行成本，是指按照当前市场条件，重新取得同样一项资产所需支付的现金或现金等价物金额。在重置成本计量下，资产按照现在购买相同或者相似资产所需支付的现金或者现金等价物的金额计量。负债按照现在偿付该项债务所需支付的现金或者现金等价物的金额计量。

在实务中，重置成本多应用于盘盈固定资产的计量等。

3. 可变现净值

可变现净值，是指在正常的生产经营过程中，以预计售价减去进一步加工成本和预计销售费用以及相关税费后的净值。在可变现净值计量下，资产按正常对外销售所能收到的现金或现金等价物的金额扣减资产至完工时估计要发生的成本、估计的销售费用以及相关税金后的金额计量。在不考虑货币时间价值的情况下，以资产在正常使用过程中可带来的预期净现金流入的金额对资产进行计量。

在实务中，可变现净值通常用于存货资产减值情况下的后续计量。

4. 现值

现值，是指对未来现金流量以恰当的折现率进行折现后的价值，是考虑货币时间价值的一种计量属性。在现值计量下，资产按照预计从其持续使用和最终处置中所产生的未来净现金流入量折现的金额计量。负债按照预计期限内需要偿还的未来净现金流出量折现的金额计量。

如企业采用分期付款的方式购买资产，且在合同中规定的期限较长，超过了正常信用条件。购入资产的成本不能以各期付款之和确定，而应以各期付款额的现值之和来确定。

5. 公允价值

公允价值，是指市场参与者在计量日发生的有序交易中，出售一项资产所能收到或者转移一项负债所需支付的价格。有序交易，是指在计量日前一段时间内相关资产或负债具有惯常市场活动的交易。

公允价值强调独立于企业主体之外，站在市场的角度以交易双方达成的市场价格作为公允价值，是对资产和负债以当前市场情况为依据进行价值计量的结果。在实务中，公允价值主要应用于交易性金融资产、交易性金融负债、可供出售金融资产、采用公允价值模式计量的投资性房地产等的计量。相对于历史成本，公允价值提供的会计信息具有更高的相关性。

考点2 计量属性的运用原则

企业在对会计要素进行计量时，一般应当采用历史成本。采用重置成本、可变现净值、现值、公允价值计量的，应当保证所确定的会计要素金额能够持续取得并可靠计量。

典型例题

【例题1·单选题】 预付账款属于会计要素中的（   ）。

A. 资产　　　　　B. 负债　　　　　C. 权益　　　　　D. 收入

【答案】 A

【解析】 预付账款属于资产类要素。

【例题2·单选题】 预收账款属于会计要素中的（   ）。

A. 资产　　　　　B. 负债　　　　　C. 权益　　　　　D. 收入

【答案】 B

【解析】 预收账款属于负债类要素。

【例题3·单选题】 对盘盈的固定资产进行计量，常用的会计计量属性是（   ）。

A. 历史成本　　　B. 重置成本　　　C. 可变现净值　　　D. 现值

【答案】B

【解析】重置成本又称现行成本，是指按照当前市场条件，重新取得同样一项资产所需支付的现金或现金等价物金额。在实务中，重置成本多应用于盘盈固定资产的计量等。

【例题4·单选题】下列说法正确的是：会计计量属性反映的是（　　　）。

A. 资产金额的确定基础　　　　　　B. 负债金额的确定基础

C. 收入金额的确定基础　　　　　　D. 会计要素金额的确定基础

【答案】D

【解析】会计计量属性反映了会计要素金额的确定基础。

【例题5·单选题】资产按照正常对外销售所能收到的现金或现金等价物扣减该资产至完工估计将要发生的成本、销售费用以及相关税费后的金额计量的价值，称为（　　　）。

A. 历史成本　　　　　　　　　　　B. 重置成本

C. 可变现净值　　　　　　　　　　D. 现值

【答案】C

【解析】可变现净值是指在正常的生产经营过程中，以预计售价减去进一步加工成本和预计销售费用以及相关税费后的净值。

第二节　会计等式

考纲重点分布

二、会计等式	1. 会计等式的表现形式	掌握
	2. 经济业务对会计等式的影响	掌握

考点精解

一、会计等式的表现形式

会计等式，又称会计恒等式、会计方程式或会计平衡公式，它是表明各个会计要素之间基本关系的等式，是各种会计核算方法的理论基础。它揭示了会计要素之间的内在联系；从形式上看，会计等式反映了会计对象的具体内容即各项会计要素之间的内在联系；从实质上看，会计等式揭示了会计主体的产权关系、基本财务状况和经营成果。会计等式是设置账户、复式记账和编制财务报表的理论依据。

考点1　财务状况等式

任何形式的企业，无论其规模大小，要进行正常的生产经营活动，都必须拥有一定数量和结构的资产。企业资产最初来源于两个方面：一是由企业所有者投入；二是由企业向债权人借入。所有者和债权人将其拥有的资产提供给企业使用，就应该相应地对企业的资产享有一种要求权,这种对资产的要求在会计上称为"权益"。

资产表明企业拥有什么经济资源和拥有多少经济资源,权益表明经济资源的来源渠道,即谁提供了这些经济资源。可见,资产与权益是同一事物的两个不同方面,两者互相依存,不可分割,没有无资产的权益,也没有无权益的资产。因此,资产和权益两者在数量上必然相等,在任一时点都必然保持恒等的关系。根据要求权不同,权益又分为债权人的权益和所有者的权益,债权人的权益构成了负债要素,投资者的权益属于所有者权益要素。所以,三个要素之间的等量关系就表现为"资产=负债+所有者权益"。等式推导如下:

资产=权益

资产=债权人的权益+投资者的权益

资产=负债+所有者权益

这一等式反映了企业某一特定时点资产、负债和所有者权益三者之间的平衡关系,因此,该等式被称为财务状况等式、基本会计等式或静态会计等式,它是复式记账法的理论基础,也是编制资产负债表的依据。这一等式中,负债总是位于所有者权益之前,这种顺序的排列不是随意的,而是有其特定的经济意义,不可以随意颠倒。

考点2 经营成果等式

经营成果等式,亦称动态会计等式,是用以反映企业一定时期收入、费用和利润之间恒等关系的会计等式。即:

收入-费用=利润

这一等式反映了利润的实现过程,是编制利润表的依据。

考点3 财务状况与经营成果相结合的等式

综合会计等式反映了在收入、费用发生后,会计六要素之间的平衡关系,它综合地反映了企业在期初、期末某一时点上的财务状况和企业在某一特定期间内的经营成果,是静态和动态会计等式的结合。

企业在一定时期内取得的经营成果能够对资产、负债和所有者权益产生影响。收入可导致企业资产增加或负债减少,最终导致所有者权益的增加;费用可导致企业资产减少或负债增加,最终导致所有者权益减少。所以,在一定会计期间的经营成果必然会影响一定时点的财务状况。在一定会计期间内,将六大会计要素联系起来看,就可以得出如下勾稽关系:

期末结账前:资产=负债+所有者权益+(收入-费用)

或者   资产=负债+所有者权益+利润

期末结账后:资产=负债+所有者权益

结账后的等式中的所有者权益包括了"当期实现的利润"。

二、经济业务对会计等式的影响

考点 经济业务对会计等式的影响

经济业务又称会计事项,是指在经济活动中使会计要素发生增减变动的交易或者事项。

企业经济业务按其对财务状况等式的影响不同可以分为以下九种基本类型:

1. 一项资产增加、另一项资产等额减少的经济业务

【例2-1】甲公司从银行提取现金800元。

这笔经济业务使企业库存现金增加800元，同时银行存款减少800元，即会计等式左边资产要素内部的金额有增有减，增减金额相等，其平衡关系保持不变。

2. 一项资产增加、一项负债等额增加的经济业务

【例2-2】甲公司向银行借入短期借款40 000元。

这笔经济业务使银行存款增加40 000元，同时短期借款增加40 000元，即会计等式左右两边金额等额增加，其平衡关系保持不变。

3. 一项资产增加、一项所有者权益等额增加的经济业务

【例2-3】甲公司接受一位新的投资者投入一台设备，价值100 000元。

这笔经济业务使固定资产增加100 000元，同时实收资本增加100 000元，即会计等式左右两边金额等额增加，其平衡关系保持不变。

4. 一项资产减少、一项负债等额减少的经济业务

【例2-4】甲公司以银行存款偿还前欠货款10 000元。

这笔经济业务使银行存款减少10 000元，同时应付账款减少10 000元，即会计等式左右两边金额等额减少，其平衡关系保持不变。

5. 一项资产减少、一项所有者权益等额减少的经济业务

【例2-5】甲公司的投资者撤资，以银行存款支付200 000元。

这笔经济业务使银行存款减少200 000元，同时实收资本减少200 000元，即会计等式左右两边金额等额减少，其平衡关系保持不变。

6. 一项负债增加、另一项负债等额减少的经济业务

【例2-6】甲公司向银行借入短期借款用于偿还前欠货款20 000元。

这笔经济业务使企业短期借款增加20 000元，同时应付账款减少20 000元，即会计等式右边负债要素内部的金额有增有减，增减金额相等，其平衡关系保持不变。

7. 一项负债增加、一项所有者权益等额减少的经济业务

【例2-7】甲公司宣布向投资者分配现金股利1 000 000元。

这笔经济业务使企业利润分配减少1 000 000元，同时应付股利增加1 000 000元，即会计等式右边一项负债增加而一项所有者权益等额减少，其平衡关系保持不变。

8. 一项所有者权益增加、一项负债等额减少的经济业务

【例2-8】甲公司将应偿还给乙企业的账款2 000 000元转作乙企业对本企业的投资。

这笔经济业务使应付账款减少2 000 000元，同时实收资本增加2 000 000元，即会计等式右边一项负债减少，一项所有者权益增加，其平衡关系保持不变。

9. 一项所有者权益增加、另一项所有者权益等额减少的经济业务

【例2-9】甲公司将资本公积转增资本50 000元。

这笔经济业务使企业实收资本增加50 000元，同时资本公积减少50 000元，即会计等式右边所有者权益要素内部的金额有增有减，增减金额相等，其平衡关系保持不变。

上述九类基本经济业务的发生均不影响财务状况等式的平衡关系，具体分为三种情形：基本经济业务1、6、7、8、9使财务状况等式左右两边的金额保持不变；基本经济业务2、3使财务状况等式左右两边的金额等额增加；基本经济业务4、5使财务状况等式左

右两边的金额等额减少。

总结：

根据上述经济业务的分析得出以下结论：

（1）某会计要素内部两项目一增一减，会计等式保持恒等关系，资产总额不变。

（2）会计等式左右两边的要素项目同时增加，会计等式保持恒等关系，资产总额增加。

（3）会计等式左右两边的要素项目同时减少，会计等式保持恒等关系，资产总额减少。

（4）会计等式右边两要素项目一增一减，会计等式保持恒等关系，资产总额不变。

典型例题

【例题1·单选题】 下列关于会计等式表述错误的是（　　　）。

A. 资产＝负债＋所有者权益　　　　　　B. 资产＝负债＋所有者权益＋收入

C. 资产＝负债＋所有者权益＋收入－费用　D. 收入－费用＝利润

【答案】 B

【解析】 本题考核会计等式的知识。

【例题2·单选题】 反映了企业在某一时点所拥有的资产以及债权人和所有者对企业资产要求权的基本状况的会计等式是（　　　）。

A. 资产＝负债＋所有者权益　　　　　　B. 资产＝负债＋所有者权益＋收入

C. 资产＝负债＋所有者权益＋收入－费用　D. 利润＝收入－费用

【答案】 A

【解析】 资产＝负债＋所有者权益，反映了企业在某一时点的财务状况；收入－费用＝利润，反映了企业在一定时期的经营成果；资产＝负债＋所有者权益＋收入－费用，反映了企业财务状况和经营成果之间的关系。

【例题3·单选题】 某企业用盈余公积转增实收资本，则该业务对会计要素的影响是（　　　）。

A. 资产增加　　　　　　　　　　　　　B. 负债减少

C. 所有者权益增加　　　　　　　　　　D. 所有者权益不变

【答案】 D

【解析】 盈余公积转增了实收资本，盈余公积减少，实收资本增加，盈余公积和实收资本均属于所有者权益，所以所有者权益总额不变。

第三章　会计科目与账户

章节简介

本章主要是针对会计科目与账户的内容进行详细讲解。会计科目与账户是会计核算的理论基础。考生学习时要在理解的基础上加以记忆。

第一节　会计科目

考纲重点分布

一、会计科目	1. 会计科目的概念与分类	了解
	2. 会计科目的设置	熟悉

考点精解

一、会计科目的概念与分类

考点1　会计科目的概念

会计科目简称科目，是指对会计要素的具体内容进行分类核算的项目，是进行会计核算和提供会计信息的基础。会计对象、会计要素与会计科目之间的关系如图 3 – 1 所示。

考点2　会计科目的分类

会计科目可按其反映的经济内容（即所属会计要素）、所提供信息的详细程度及其统驭关系分类。

1. 按反映的经济内容分类

会计科目按其反映的经济内容不同，可分为资产类科目、负债类科目、共同类科目、所有者权益类科目、成本类科目和损益类科目。

（1）资产类科目，是对资产要素的具体内容进行分类核算的项目，按资产的流动性分为反映流动资产的科目和反映非流动资产的科目。反映流动资产的科目主要有"库存现金"、"银行存款"、"应收账款"、"原材料"、"库存商品"等；反映非流动资产的科目有"长期股权投资"、"长期应收款"、"固定资产"、"无形资产"、"长期待摊费用"等。

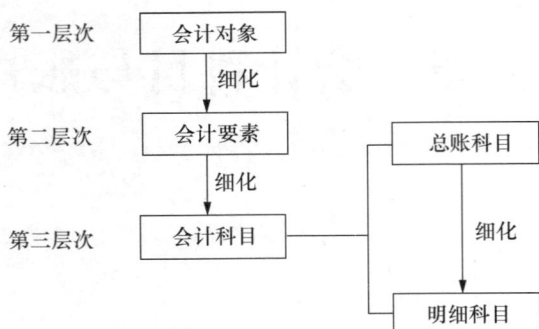

图 3-1　会计对象的构成层次

资产类会计科目中，有一些是用来反映资产价值损耗或损失的科目，如"累计折旧"、"累计摊销"、"坏账准备"、"存货跌价准备"等。这些科目反映相应资产的价值损耗或损失，目的是确定资产的账面价值，满足单位资产管理的需要。

（2）负债类科目，是对负债要素的具体内容进行分类核算的项目，按负债的偿还期限分为反映流动负债的科目和反映非流动负债的科目。反映流动负债的科目有"短期借款"、"应付账款"、"应付职工薪酬"、"应交税费"等；反映非流动负债的科目有"长期借款"、"应付债券"、"长期应付款"等。

（3）共同类科目，是既有资产性质又有负债性质的科目，主要有"清算资金往来"、"外汇买卖"、"衍生工具"、"套期工具"、"被套期项目"等科目。

（4）所有者权益类科目，是对所有者权益要素的具体内容进行分类核算的项目，按所有者权益的形成和性质可分为反映资本的科目和反映留存收益的科目。反映资本的科目有"实收资本"（或"股本"）、"资本公积"等；反映留存收益的科目有"盈余公积"、"本年利润"、"利润分配"等。所有者权益的"本年利润"科目归属于利润会计要素，由于企业实现利润会增加所有者权益，因而将其作为所有者权益类科目。

（5）成本类科目，是对可归属于产品生产成本、劳务成本等的具体内容进行分类核算的项目，按成本的内容和性质的不同可分为反映制造成本的科目、反映劳务成本的科目等。反映制造成本的科目有"生产成本"、"制造费用"等；反映劳务成本的科目有"劳务成本"等。

（6）损益类科目，是对收入、费用等的具体内容进行分类核算的项目。按损益的不同内容可以分为反映收入的科目和反映费用的科目。反映收入的科目有"主营业务收入"、"其他业务收入"、"营业外收入"等；反映费用的科目有"主营业务成本"、"其他业务成本"、"营业外支出"、"管理费用"、"财务费用"、"销售费用"、"所得税费用"等。损益类科目分别归属于收入要素和费用要素。

2. 按提供信息的详细程度及其统驭关系分类

会计科目按其提供信息的详细程度及其统驭关系，可以分为总分类科目和明细分类科目。

（1）总分类科目又称总账科目或一级科目，是对会计要素的具体内容进行总括分类，提供总括信息的会计科目。

（2）明细分类科目又称明细科目，是对总分类科目作进一步分类，提供更为详细和具体会计信息的科目。如果某一总分类科目所属的明细分类科目较多，可在总分类科目下设置二级明细科目，在二级明细科目下设置三级明细科目。

总分类科目概括地反映会计对象的具体内容，明细分类科目详细地反映会计对象的具体内容。总分类科目对明细分类科目具有统驭和控制作用，而明细分类科目是对其所属总分类科目的补充和说明。其相互关系如表3-1所示。

表3-1　总分类科目和明细分类科目的关系

总分类科目 （总账科目、一级科目）	明细分类科目	
	二级科目	三级科目
应交税费	应交增值税	进项税额
生产成本	基本生产成本	A 产品

总结：会计科目分类（见图3-2）

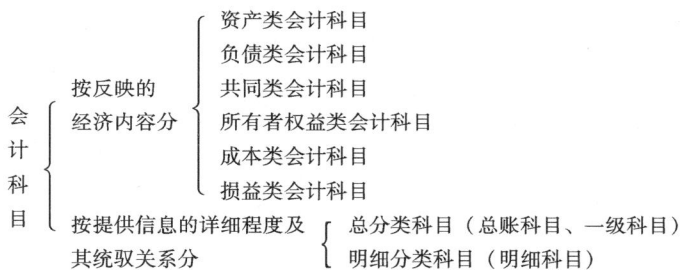

图3-2　会计科目分类

二、会计科目的设置

考点1　会计科目设置的原则

各单位由于经济业务活动的具体内容、规模大小与业务繁简程度等情况不尽相同，在具体设置会计科目时，应考虑其自身特点和具体情况，但设置会计科目时都应遵循以下原则：

1. 合法性原则

合法性原则指所设置的会计科目应当符合国家统一的会计制度的规定。在我国，总分类科目原则上由财政部统一规定，主要是为了保证会计信息的可比性。对于国家统一的会计制度规定的会计科目，企业可以根据自身的生产经营特点，在不影响会计核算要求以及对外提供统一财务会计报表的前提下，适当自行增设、减少或合并某些会计科目。

2. 相关性原则

相关性原则指所设置的会计科目应当为提供有关各方所需要的会计信息服务，满足对外报告与对内管理的要求。要求充分考虑会计信息的使用者对本企业会计信息的需要设置会计科目，以提高会计核算所提供的会计信息的相关性，满足相关各方的信息需求。

3. 实用性原则

实用性原则指所设置的会计科目应符合单位自身特点，满足单位实际需要。

考点2 常用会计科目

企业常用会计科目如表3-2所示：

表3-2 企业常用会计科目参照表

编号	会计科目名称	编号	会计科目名称
	一、资产类		二、负债类
1001	库存现金	2001	短期借款
1002	银行存款	2201	应付票据
1012	其他货币资金	2202	应付账款
1101	交易性金融资产	2203	预收账款
1121	应收票据	2211	应付职工薪酬
1122	应收账款	2221	应交税费
1123	预付账款	2231	应付利息
1131	应收股利	2232	应付股利
1132	应收利息	2241	其他应付款
1221	其他应收款	2501	长期借款
1231	坏账准备	2502	应付债券
1401	材料采购	2701	长期应付款
1402	在途物资	2711	专项应付款
1403	原材料	2801	预计负债
1404	材料成本差异	2901	递延所得税负债
1405	库存商品		三、共同类（略）
1406	发出商品		四、所有者权益类
1407	商品进销差价	4001	实收资本
1408	委托加工物资	4002	资本公积
1411	周转材料	4101	盈余公积
1471	存货跌价准备	4103	本年利润
1501	持有至到期投资	4104	利润分配
1502	持有至到期投资减值准备		五、成本类
1503	可供出售金融资产	5001	生产成本
1511	长期股权投资	5101	制造费用
1512	长期股权投资减值准备	5201	劳务成本
1521	投资性房地产	5301	研发支出
1531	长期应收款		六、损益类

续表

编号	会计科目名称	编号	会计科目名称
1532	未实现融资收益	6001	主营业务收入
1601	固定资产	6051	其他业务收入
1602	累计折旧	6101	公允价值变动损益
1603	固定资产减值准备	6111	投资收益
1604	在建工程	6301	营业外收入
1605	工程物资	6401	主营业务成本
1606	固定资产清理	6402	其他业务成本
1701	无形资产	6403	营业税金及附加
1702	累计摊销	6601	销售费用
1703	无形资产减值准备	6602	管理费用
1711	商誉	6603	财务费用
1801	长期待摊费用	6701	资产减值损失
1811	递延所得税资产	6711	营业外支出
1901	待处理财产损溢	6801	所得税费用
		6901	以前年度损益调整

在会计科目表中，每个会计科目都有确定的号码。作为顺序号，其作用在于了解使用会计科目总数，也是会计科目的代号，便于登记账册和查阅账目，为实现会计电算化提供了条件。会计科目编号的第一位数代表会计要素的类别，"1"代表资产类，"2"代表负债类，"3"代表金融企业的共同类，"4"代表所有者权益类，"5"代表成本类，"6"代表损益类。

典型例题

【例题1·单选题】"其他业务成本"科目按其所归属的会计要素不同，属于（　　　）科目。

A. 成本类　　　　　B. 资产类　　　　　C. 损益类　　　　　D. 所有者权益类

【答案】 C

【解析】 损益类科目有其他业务成本、其他业务收入、主营业务收入等。

【例题2·单选题】 在下列项目中与生产成本科目属于同一类的会计科目是（　　　）。

A. 主营业务成本　　　　　　　B. 其他业务成本

C. 制造费用　　　　　　　　　D. 营业成本

【答案】 C

【解析】 生产成本、制造费用均属于成本类科目。

【例题3·单选题】 下列所有者权益类科目中，属于反映留存收益的科目是（　　　）。

A. 资本公积　　　　　　　　　B. 实收资本

C. 股本　　　　　　　　　　　D. 利润分配

【答案】D

【解析】所有者权益类科目，是对所有者权益要素的具体内容进行分类核算的项目，按所有者权益的形成和性质可分为反映资本的科目和反映留存收益的科目。反映资本的科目有"实收资本"（或"股本"）、"资本公积"等；反映留存收益的科目有"盈余公积"、"本年利润"、"利润分配"等。

【例题4·单选题】下列选项中，不属于会计科目设置原则的是（   ）。

A. 合法性原则   B. 相关性原则

C. 实用性原则   D. 客观性原则

【答案】D

【解析】会计科目设置原则有合法性、相关性和实用性。

【例题5·单选题】关于会计科目的设置，下列说法正确的是（   ）。

A. 企业必须遵守相关法规的规定设置科目，不得增减、合并或分拆

B. 企业可以完全自行设置总分类科目以及明细分类科目

C. 企业会计科目的设置只要满足对外报告的要求即可

D. 明细分类科目的设置应符合单位自身特点，满足单位实际需要

【答案】D

【解析】在我国，总分类科目原则上由财政部统一规定，主要是为了保证会计信息的可比性。对于国家统一的会计制度规定的会计科目，企业可以根据自身的生产经营特点，在不影响会计核算要求以及对外提供统一财务会计报表的前提下，自行增设、减少或合并某些会计科目。明细分类科目的设置可根据单位自身特点，满足单位实际需要自行设置。

第二节　账户

考纲重点分布

	1. 账户的概念与分类	了解
二、账户	2. 账户的功能与结构	掌握
	3. 账户与会计科目的关系	掌握

考点精解

一、账户的概念与分类

考点1　账户的概念

会计科目只是对会计对象具体内容进行分类核算的项目，还不能进行具体的会计核算。为了全面、序时、连续、系统地反映和监督会计要素的增减变动，还必须设置账户。

账户是根据会计科目设置的，具有一定的格式和结构，用于分类反映会计要素增减变动情况及其结果的载体。

考点2 账户的分类

账户可根据其核算的经济内容、提供信息的详细程度及其统驭关系进行分类。

1. 根据核算的经济内容，账户分为资产类账户、负债类账户、共同类账户、所有者权益类账户、成本类账户和损益类账户六类

其中，有些资产类账户、负债类账户和所有者权益类账户存在备抵账户。备抵账户，又称抵减账户，是指用来抵减被调整账户余额，以确定被调整账户实有数额而设置的独立账户。如"累计折旧"与"固定资产减值准备"账户是"固定资产"账户的备抵账户；"累计摊销"与"无形资产减值准备"账户是"无形资产"账户的备抵账户等。

2. 根据提供信息的详细程度及其统驭关系，账户分为总分类账户和明细分类账户

（1）总分类账户，又称总账账户或一级账户，是根据总分类科目设置的账户。在总分类账户中，只使用货币计量单位，它可以提供总括的核算资料和指标，是对其所属的明细分类账户资料的综合。总分类账户以下统称为明细分类账户。

（2）明细分类账户，又称明细账户，它是根据明细分类科目设置的账户。明细分类账户的核算，除了用货币计量以外，必要时还需要使用实物计量或劳动计量单位从数量和时间上进行反映，以满足经营管理的需要。明细账户是提供明细核算资料的指标，它是对总分类账户的具体化和补充说明。

总分类账户和所属明细分类账户核算的内容相同，只是反映内容的详细程度有所不同，两者相互补充、相互制约、相互核对。总分类账户统驭和控制所属明细分类账户，明细分类账户从属于总分类账户。

二、账户的功能与结构

考点1 账户的功能

账户的功能在于连续、系统、完整地提供企业经济活动中各会计要素增减变动及其结果的具体信息。其中，会计要素在特定会计期间增加和减少的金额，分别称为账户的"本期增加发生额"和"本期减少发生额"，二者统称为账户的"本期发生额"；会计要素在会计期末的增减变动结果，称为账户的"余额"，具体表现为期初余额和期末余额，账户上期的期末余额转入本期，即为本期的期初余额；账户本期的期末余额转入下期，即为下期的期初余额。账户的期初余额、期末余额、本期增加发生额和本期减少发生额统称为账户的四个金额要素。对于同一账户而言，它们之间的基本关系为：

期末余额 = 期初余额 + 本期增加发生额 - 本期减少发生额

账户的本期发生额属于"动态"经济指标范畴；账户的余额属于"静态"经济指标范畴。

考点2 账户的基本结构

账户分为左方、右方两个方向，在借贷记账法下，其左方一律称为"借方"，其右方一律称为"贷方"。资产、成本、费用类账户借方登记增加额、贷方登记减少额；负债、所有者权益、收入类账户借方登记减少额、贷方登记增加额。

账户的基本结构应同时具备以下内容：

（1）账户的名称，即会计科目。

（2）日期，即所依据记账凭证中注明的日期。

（3）凭证字号，即所依据记账凭证的编号。

（4）摘要，即经济业务的简要说明。

（5）金额，即增加额、减少额和余额。

账户一般格式如表 3-3 所示。

表 3-3 账户名称（会计科目）　　　　　　　　　　　　　　单位：元

年		凭证编号	摘要	发生额		余额
月	日			借方	贷方	

从账户名称、记录增加额和减少额的左右两方来看，账户结构在整体上类似汉字的"丁"和大写的英文字母"T"，因此账户的基本结构在实务中被形象地称为"丁"字账户或者"T"型账户。T 型账户的基本结构如图 3-3 所示。

左方（借方）　　　　账户名称　　　　右方（贷方）

图 3-3 账户的基本结构

【提示】账户通常分为左右两方，一方记增加额，另一方记减少额。至于哪一方记增加额，哪一方记减少额，则取决于企业所采用的记账方法和所记录经济内容的性质。

三、账户与会计科目的关系

考点 账户与会计科目的关系

从理论上讲，会计科目与账户是两个不同的概念，二者既有联系，又有区别。

1. 联系

会计科目与账户都是对会计对象具体内容的分类，两者核算内容一致，性质相同。会计科目是账户的名称，也是设置账户的依据；账户是会计科目的具体运用。因此，会计科目的性质决定了账户的性质，会计科目的分类决定了账户的分类。没有会计科目，账户便失去了设置的依据；没有账户，会计科目就无法发挥作用。

2. 区别

会计科目仅仅是账户的名称，不存在结构，而账户具有一定的格式和结构；会计科目仅仅反映经济内容是什么，而账户不仅反映经济内容是什么，而且系统地反映某项经济内容的增减变动及其余额。

在实际工作中，对会计科目和账户不加严格区分，而是相互通用。

总结： 账户与会计科目的关系比较（见表 3-4）。

表 3-4 账户与会计科目的关系比较

	会计科目	账户
区别	仅仅是账户的名称，无结构，无法记录经济业务	有自己的格式和结构，可用来连续、系统、全面地反映要素的增减变化及结果
联系	（1）都是对会计要素的科学分类，核算内容一致、性质相同 （2）账户根据科目设置，会计科目是账户的名称，账户是科目的具体运用	

注：理论学习中会计科目和账户是两个范畴，要做区分，但实际工作中，对两者往往不加严格区分，相互通用。

典型例题

【例题 1 · 单选题】 以下有关账户的阐述中，错误的是（   ）。

A. 总分类账户又称总账账户或一级账户

B. 在总分类账户中，既可使用货币计量单位，也可使用实物计量单位

C. 总分类账户可以提供总括的核算资料和指标，是对其所属明细分类账户资料的综合

D. 总分类账户以下统称为明细分类账户

【答案】 B

【解析】 在总分类账户中只使用货币计量单位反映经济业务。对明细账的核算，除用货币计量反映经济业务外，必要时还需用实物计量或劳动计量单位进行反映，以满足经营管理的需要。

【例题 2 · 单选题】 有关会计科目与账户间的关系，下列表述中不正确的是（   ）。

A. 两者口径一致，性质相同

B. 没有会计科目，账户就缺少了设置的依据

C. 会计科目是账户的具体运用

D. 在实际工作中，会计科目和账户是相互通用的

【答案】 C

【解析】 两者都是对会计对象具体内容（会计要素）的科学分类，两者设置口径一致，性质相同。会计科目是账户的名称，也是设置账户的依据；账户是会计科目的具体运用，没有会计科目，账户便失去了设置的依据；没有账户，就无法发挥会计科目的作用。

【例题 3 · 单选题】 以下有关账户概念的阐述中，不正确的是（   ）。

A. 账户是根据会计科目设置的

B. 账户具有一定格式和结构

C. 账户是用于分类反映会计要素增减变动情况及其结果的载体

D. 账户不具有格式和结构

【答案】 D

【解析】 账户根据会计科目设置，具有一定的格式和结构，用以分类反映会计要素的

增减变动及其结果的载体。

【例题 4·单选题】"累计摊销"的被调整账户是（　　）。

A. 固定资产　　　　　B. 无形资产　　　　　C. 商誉　　　　　D. 在建工程

【答案】B

【解析】"累计摊销"的被调整账户是无形资产，"累计折旧"的被调整账户是固定资产。

【例题 5·单选题】根据会计科目所属会计要素分类，下列各项中，（　　）至少有两个科目归属于资产要素。

A. 应交税费，资本公积，劳务成本，投资收益

B. 预付账款，预收账款，应收股利，银行存款

C. 本年利润，应付职工薪酬，制造费用，营业外收入

D. 盈余公积，其他应付款，待处理财产损溢，主营业务成本

【答案】B

【解析】选项 B 中预付账款，应收股利和银行存款都是资产要素。

第四章 会计记账方法

章节简介

本章是会计核算的基础，应重点掌握借贷记账法下不同性质账户的结构和记账规则、借贷记账法下的试算平衡。

第一节 会计记账方法的种类

考纲重点分布

一、会计记账方法的种类	1. 单式记账法	了解
	2. 复式记账法	了解

考点精解

一、单式记账法

考点 单式记账法

单式记账法是指对发生的每一项经济业务，只在一个账户中加以登记的记账方法。单式记账是一种较简单、不完整的记账方法，账户之间的记录没有直接联系和相互平衡关系，因此不能全面、系统地反映各项会计要素的增减变动情况和经济业务的来龙去脉，也不便于检查账户记录的正确性和完整性。

二、复式记账法

考点1 复式记账法的概念

复式记账法是指对于每一笔经济业务，都必须用相等的金额在两个或两个以上相互联系的账户中进行登记，全面系统地反映会计要素增减变化的一种记账方法。现代会计运用复式记账法。

考点2　复式记账法的优点

1. 能够全面反映经济业务内容和资金运动的来龙去脉

复式记账法对于每一项经济业务，都要在两个或两个以上的账户中进行相互联系的记录，不仅可以通过账户记录，完整、系统地反映经济活动的过程和结果，而且还能清楚地反映资金运动的来龙去脉。

2. 能够进行试算平衡，便于查账和对账

复式记账法对于每一项经济业务，都以相等的金额进行对应记录，便于核对和检查账户记录结果，防止和纠正错误记录。

考点3　复式记账法的种类

复式记账法根据记账符号的不同，可分为借贷记账法、增减记账法和收付记账法三种（见图4-1）。

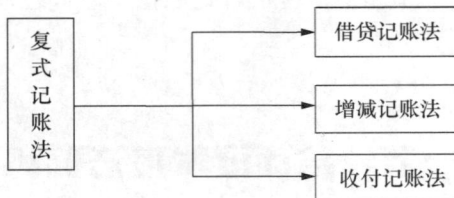

图4-1　复式记账法类别

借贷记账法是目前国际上通用的记账方法，我国《企业会计准则》规定企业应当采用借贷记账法记账，《事业单位会计准则》和《行政单位会计制度》也要求采用借贷记账法记账。

典型例题

【例题1·单选题】 复式记账是对每项经济业务都要以相等的金额在两个或两个以上的账户中同时登记，其登记的账户是（　　）。

A. 资产类账户　　　　　　　　B. 权益类账户
C. 相互联系对应账户　　　　　D. 总分类账户和明细分类账户

【答案】 C

【解析】 复式记账法是指对于每一笔经济业务，都必须用相等的金额在两个或两个以上相互联系的账户中进行登记，全面系统地反映会计要素增减变化的一种记账方法。

【例题2·单选题】 下列各项中，（　　）属于我国目前采用的记账方法。

A. 借贷记账法　　　　　　　　B. 收付记账法
C. 增减记账法　　　　　　　　D. 单式记账法

【答案】 A

【解析】 我国目前采用的记账方法是借贷记账法。

第二节 借贷记账法

考纲重点分布

二、借贷记账法	1. 借贷记账法的概念	熟悉
	2. 借贷记账法下的账户结构	掌握
	3. 借贷记账法的记账规则	掌握
	4. 借贷记账法下的账户对应关系与会计分录	掌握
	5. 借贷记账法下的试算平衡	掌握

考点精解

一、借贷记账法的概念

考点　借贷记账法的概念

借贷记账法是以"借"和"贷"作为记账符号的一种复式记账法，即将发生的经济交易与事项所引起会计要素的增减变动以相等的金额，同时在相互关联的两个或者两个以上的会计科目中进行相互联系、相互制约的记录。

借贷记账法产生于12世纪的意大利，后经逐步发展和完善，随后传到欧洲、美洲等地，成为世界通用的记账方法。20世纪初由日本传入我国，目前已成为我国法定的记账方法。

二、借贷记账法下的账户结构

考点1　借贷记账法下账户的基本结构

借贷记账法下，账户的左方称为借方，右方称为贷方。所有账户的借方和贷方按相反方向记录增加数和减少数，即一方登记增加额，另一方就登记减少额。至于"借"表示增加，还是"贷"表示增加，则取决于账户的性质与所记录经济内容的性质。

通常而言，资产、成本和费用类账户的增加用"借"表示，减少用"贷"表示；负债、所有者权益和收入类账户的增加用"贷"表示，减少用"借"表示。备抵账户的结构与所调整账户的结构正好相反。

"借"和"贷"所表示增减的含义如表4-1所示。

记忆方法：

资产＝负债＋所有者权益＋收入－费用

资产＋费用＝负债＋所有者权益＋收入

借⇧　　　　　　　借⇩

贷⇩　　　　　　　贷⇧

表4-1　　"借"和"贷"所表示增减的含义

账户类别	借	贷
资产类账户	+	-
资产类备抵账户	-	+
成本类账户	+	-
费用类账户	+	-
负债类账户	-	+
所有者权益类账户	-	+
负债和所有者权益类备抵账户	+	-
收入类账户	-	+

考点2　借贷记账法下的账户结构

1. 资产和成本类账户的结构（见图4-2）

借方	资产及成本类账户	贷方
期初余额 本期增加额	本期减少额
本期借方发生额合计	本期贷方发生额合计
期末余额	

图4-2　资产及成本类账户结构

期末借方余额＝期初借方余额＋本期借方发生额－本期贷方发生额

2. 负债及所有者权益类账户结构（见图4-3）

借方	负债及所有者权益类账户	贷方
	期初余额 本期增加额
本期减少额	
本期借方发生额	本期贷方发生额
	期末余额

图4-3　负债及所有者权益类账户结构

期末贷方余额＝期初贷方余额＋本期贷方发生额－本期借方发生额

3. 损益类账户结构

（1）收入类账户结构（见图4-4）。

借方	收入类账户		贷方
本期减少额			
本期转出额		本期增加额	
本期借方发生额合计		本期贷方发生额合计	

图4-4　收入类账户结构

（2）费用类账户结构（见图4-5）。

借方	费用类账户		贷方
		本期减少额	
本期增加额		本期转出额	
本期借方发生额合计		本期贷方发生额合计	

图4-5　费用类账户结构

收入类账户
费用类账户 ⎬ → 期末要转入"本年利润"账户，结转后无余额。

总结：

资产类账户：借方登记增加额，贷方登记减少额，期末余额一般在借方。

成本类账户：借方登记增加额，贷方登记减少额，期末余额一般在借方。

费用类账户：借方登记增加额，贷方登记减少额或转出额，期末无余额。

负债类账户：借方登记减少额，贷方登记增加额，期末余额一般在贷方。

所有者权益类账户：借方登记减少额，贷方登记增加额，期末余额一般在贷方。

收入类账户：借方登记减少额或转出额，贷方登记增加额，期末无余额。

三、借贷记账法的记账规则

1. 借贷记账法的记账符号

"借"、"贷"只是纯粹的记账符号，没有任何经济意义，至于哪方表示增加、哪方表示减少取决于账户的性质与所记录经济内容的性质。

2. 借贷记账法的记账规则

借贷记账法的记账规则为："有借必有贷，借贷必相等。"具体表现在：

（1）任何一笔经济业务的发生，都必然同时导致至少两个账户发生变化。或者说，经济业务发生后，同时至少在两个或两个以上的账户中相互进行联系地记录。

（2）在记入有关账户时，有的记入一个或几个账户的借方，同时有的记入另一个或几个账户的贷方。不能全部记入借方或全部记入贷方，即有借必有贷。

（3）记入借方账户的金额与记入贷方账户的金额必须相等，即借贷必相等。

四、借贷记账法下的账户对应关系与会计分录

考点1 账户的对应关系

账户的对应关系是指采用借贷记账法对每笔交易或事项进行记录时，相关账户之间形成的应借、应贷的相互关系。存在对应关系的账户称为对应账户。通过会计账户的对应关系，可以了解经济业务的内容和资金运动的来龙去脉。

考点2 会计分录

1. 会计分录的含义

会计分录，简称分录，是对每项经济业务列示出应借、应贷的账户名称（科目）及其金额的一种记录。会计分录由应借应贷方向、相互对应的科目及其金额三个要素构成。在我国，会计分录记载于记账凭证中。

2. 会计分录的三要素

（1）账户的名称。

（2）记账方向（符号）。

（3）记录的金额。

3. 会计分录的书写格式

（1）先借后贷，分行列示，"借"和"贷"字后均加冒号，其后紧跟会计科目，各科目的金额列在其后适当位置。"贷"字与借方科目的首个文字对齐，贷方金额与借方金额适当错开。如【例4-1】中的会计分录。

【例4-1】甲企业从银行提取现金8 000元作为备用。会计分录如下：

借：库存现金   8 000

    贷：银行存款   8 000

（2）在复合会计分录中，"借"、"贷"通常只列示在第一个借方科目和第一个贷方科目前，其他科目前不再列示"借"或"贷"。所有借方、贷方一级科目的首个文字各自保持对齐；所有借方、贷方金额的个位数各自保持右对齐。如【例4-2】中的会计分录。

【例4-2】甲企业购入一批材料，价款5 000元，其中4 000元用银行存款支付，1 000元尚未支付，材料已验收入库，假定不考虑增值税因素。会计分录如下：

借：原材料   5 000

    贷：银行存款   4 000

       应付账款   1 000

（3）当分录中需要列示明细科目时，应按科目级次高低从左向右列示，二级科目前加破折号，三级科目放在一对小圆括号中，即"一级科目——二级科目（三级科目）"。如【例4-3】中的会计分录。

【例4-3】甲企业销售一批A商品给乙企业，开出的增值税专用发票上注明价款10 000元，增值税1 700元，款项尚未收回。会计分录如下：

借：应收账款——乙企业   11 700

    贷：主营业务收入——A商品   10 000

       应交税费——应交增值税（销项税额）   1 700

（4）借方或贷方会计科目中有两个或两个以上的二级科目同属于一个一级科目时，

所属一级科目只在第一个二级科目前列出，其余省略，每个二级科目各占一行，其前均应保留破折号，且保持左对齐。需注意的是，如果这些二级科目分别列示于借方和贷方，应在借方和贷方分别列出一个该一级科目；处于同一个方向的每两个二级科目之间均不能列示其他一级科目。如【例4-4】中的会计分录。

【例4-4】甲企业生产A产品，领用甲材料10 000元，领用乙材料20 000元。会计分录如下：

借：生产成本——A产品　　　　　　　　　　　　　　　　30 000
　　贷：原材料——甲材料　　　　　　　　　　　　　　　10 000
　　　　　　——乙材料　　　　　　　　　　　　　　　　20 000

4. 会计分录的分类

按照所涉及账户的多少，会计分录分为简单会计分录和复合会计分录。如图4-6所示。

简单会计分录指只涉及一个账户借方和另一个账户贷方的会计分录，即一借一贷的会计分录。复合会计分录指由两个以上（不含两个）对应账户组成的会计分录，即一借多贷、多借一贷或多借多贷的会计分录。

复合会计分录实际上是由若干简单会计分录复合而成的，但为了保持账户对应关系清晰，一般不应把不同经济业务合并在一起，编制多借多贷的会计分录。一笔复合会计分录可以分解为若干简单的会计分录，而若干笔简单的会计分录又可复合为一笔复合会计分录，复合或分解的目的是便于会计工作和更好地反映经济业务的实质。

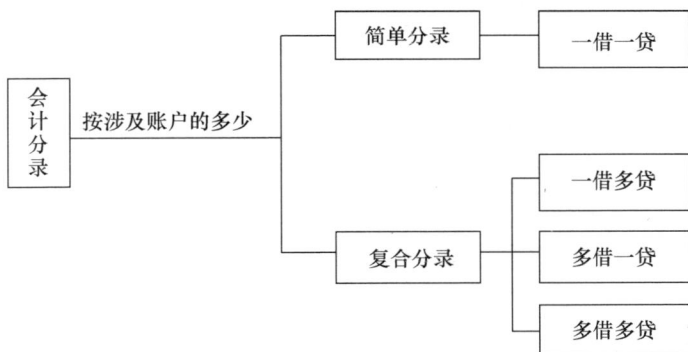

图4-6　会计分录的分类

5. 会计分录编制步骤

（1）分析经济业务所涉及的会计科目。

（2）确定经济业务使各会计科目增加或减少的金额。

（3）根据会计科目所属类别及其用途，明确各会计科目应借应贷的方向及其金额。

（4）按正确的格式编制会计分录，并检查是否符合记账规则。

6. 借贷记账法下会计分录举例

（1）收到投资者按投资合同交来的资本金420 000元，已存入银行。

借：银行存款   420 000

    贷：实收资本   420 000

（2）向银行借入期限为 3 个月的借款 600 000 元存入银行。

借：银行存款   600 000

    贷：短期借款   600 000

（3）从银行提取现金 8 000 元作为备用。

借：库存现金   8 000

    贷：银行存款   8 000

（4）购买材料 60 000 元（假定不考虑增值税因素）已验收入库，款未付。

借：原材料   60 000

    贷：应付账款   60 000

（5）签发 3 个月到期的商业汇票 50 000 元抵付上月所欠货款。

借：应付账款   50 000

    贷：应付票据   50 000

（6）用银行存款 100 000 元偿还前欠的短期借款。

借：短期借款   100 000

    贷：银行存款   100 000

（7）用银行存款 300 000 元购买不需要安装的机器设备一台（假定不考虑增值税因素），设备已交付使用。

借：固定资产   300 000

    贷：银行存款   300 000

（8）购买材料 40 000 元（假定不考虑增值税因素），其中用银行存款支付 30 000 元，其余货款暂欠，材料已验收入库。

借：原材料   40 000

    贷：银行存款   30 000

        应付账款   10 000

（9）以银行存款偿还应付账款 60 000 元。

借：应付账款   60 000

    贷：银行存款   60 000

五、借贷记账法下的试算平衡

考点 1 试算平衡的含义

试算平衡，是指根据借贷记账法的记账规则和资产与权益的恒等关系，通过对所有账户的发生额和余额的汇总计算和比较，来检查记录是否正确的一种方法。

考点 2 试算平衡的分类

1. 发生额试算平衡

发生额试算平衡是指全部账户本期借方发生额合计与全部账户本期贷方发生额合计保持平衡，即：

全部账户本期借方发生额合计 = 全部账户本期贷方发生额合计

发生额试算平衡的直接依据是借贷记账法的记账规则，即"有借必有贷，借贷必相等"。

2. 余额试算平衡

余额试算平衡是指全部账户借方期末（初）余额合计与全部账户贷方期末（初）余额合计保持平衡，即：

全部账户借方期初余额合计 = 全部账户贷方期初余额合计

全部账户借方期末余额合计 = 全部账户贷方期末余额合计

余额试算平衡的直接依据是财务状况等式，即"资产 = 负债 + 所有者权益"。

考点3　试算平衡表的编制

试算平衡是通过编制试算平衡表进行的。试算平衡表通常是在期末结出各账户的本期发生额合计和期末余额后编制的，试算平衡表中一般应设置"期初余额"、"本期发生额"和"期末余额"三大栏目，其下分设"借方"和"贷方"两个小栏。各大栏中的借方合计与贷方合计应该平衡相等，否则，便存在记账错误。为了简化表格，试算平衡表也可只根据各个账户的本期发生额编制，不填列各账户的期初余额和期末余额。

试算平衡表的一般格式如表4 - 2所示。

表4 - 2　试算平衡表

账户名称	期初余额		本期发生额		期末余额	
	借方	贷方	借方	贷方	借方	贷方
合计						

在编制试算平衡表时，应注意以下几点：

1. 必须保证所有账户的余额均已记入试算平衡表

因为会计等式是对六项会计要素整体而言的，缺少任何一个账户的余额，都会造成期初或期末借方余额合计与贷方余额合计不相等。

2. 必须保证账户借贷相等

如果试算平衡表借贷不相等，肯定账户记录有错误，应认真查找，直到实现平衡为止。

3. 例外情况

即使实现了试算平衡，也不能说明账户记录绝对正确，因为有些错误并不会影响借贷双方的平衡关系。例如：

（1）漏记某项经济业务，将使本期借贷双方的发生额发生等额减少，借贷仍然平衡。

（2）重记某项经济业务，将使本期借贷双方的发生额发生等额虚增，借贷仍然平衡。

（3）某项经济业务记录的应借应贷科目正确，但借贷双方金额同时多记或少记，其金额一致，借贷仍然平衡。

（4）某项经济业务记错有关账户，借贷仍然平衡。

（5）某项经济业务在账户记录中，颠倒了记账方向，借贷仍然平衡。

（6）借方或贷方发生额中，偶然发生多记少记并相互抵销，借贷仍然平衡。

典型例题

【例题1·单选题】 下列经济业务，不会引起资产总额发生增减变化的是（　　）。

A. 接受投资者投资，款项存入银行　　B. 从银行提取现金

C. 用银行存款偿还应付账款　　D. 采购材料入库，暂未付款

【答案】 B

【解析】 A接受投资者投资，款项存入银行，使资产和所有者权益同时增加，资产总额增加；B从银行提取现金，资产内部两个项目的一增一减，资产总额不变；C用银行存款偿还应付账款，资产和负债同时减少，资产总额减少；D采购材料入库，暂未付款，资产和负债同时增加，资产总额增加。

【例题2·多选题】 损益类科目一般具有以下特点（　　）。

A. 费用类科目的增加额记借方　　B. 收入类科目的减少额记借方

C. 期末一般无余额　　D. 年末一定要结转到"利润分配"科目

【答案】 ABC

【解析】 损益类科目期末应结转到"本年利润"科目。

【例题3·单选题】 在借贷记账法下，资产类会计科目的期末余额一般在（　　）。

A. 借方　　B. 贷方

C. 在借方，也可以在贷方　　D. 无余额

【答案】 A

【解析】 资产类会计科目借方表增加，贷方表减少，余额一般在借方。

【例题4·多选题】 下列会计科目期末余额在贷方的是（　　）。

A. 固定资产　　B. 销售费用

C. 实收资本　　D. 盈余公积

【答案】 CD

【解析】 实收资本和盈余公积属于所有者权益类的会计科目，所有者权益类科目借表减少，贷表增加，余额一般在贷方。

第五章 借贷记账法下主要经济业务的账务处理

章节简介

本章主要介绍企业的资金筹集业务、固定资产业务、材料采购业务、生产业务、销售业务及利润形成与分配业务的账务处理。本章内容是全书的重点，主要介绍了会计核算的具体内容，学习本章内容时，要准确掌握所涉及账户的用途、性质和结构，对于企业常见经济业务能够做出正确的会计处理。

第一节 企业的主要经济业务

考纲重点分布

一、企业的主要经济业务	企业的主要经济业务	了解

考点精解

考点 企业的主要经济业务

不同企业的经济业务各有特点，其生产经营业务流程也不尽相同，本章主要介绍企业的资金筹集、设备购置、材料采购、产品生产、商品销售和利润分配等经济业务。

针对企业生产经营过程中发生的上述经济业务，账务处理的主要内容有：

1. 资金筹集业务的账务处理

企业要独立地进行生产经营活动，自负盈亏，就必须拥有与生产经营规模相适应的资金。企业所需资金主要有两个筹集渠道：一是出资者（所有者）依法向企业投入资本，形成企业的资本金；二是源于外部借款，即企业用负债所形成的财产。

2. 固定资产业务的账务处理

为了保证生产活动的正常进行，企业必须建造厂房、建筑物，购置机器设备等固定资产。固定资产是企业重要的劳动资料，会随着生产过程的进行将其本身价值逐渐转移到新的产品或服务中去，并在销售收入中得到补偿。

3. 材料采购业务的账务处理

材料采购是制造企业供应过程的主要经济业务。为了保证生产任务的正常进行，企业需要购进生产产品所需的各种原材料，以备生产和管理领用。

4. 生产业务的账务处理

生产业务是制造企业经营的核心，在这一过程中，通过各种生产要素的结合，制造出各种产品。产品生产过程就是生产消耗过程，因此，生产过程核算的主要内容就是生产费用。

5. 销售业务的账务处理

企业销售业务是企业生产经营活动的最后一个环节，是企业从产成品验收入库到销售给购货方为止的过程。在这一过程中，企业一方面将生产出来的产品销售给购货单位；另一方面，按照售价从购货单位取得货币资金，以保证企业进行再生产资金的需要。

6. 期间费用的账务处理

费用是企业在日常活动的过程中所发生的各种经济资源的耗费，企业发生的各种耗费，按其性质不同记入不同的会计科目，使企业能够充分有效地管理和组织经营活动。期间费用是指企业日常活动中不能直接归属于某个特定成本核算对象的，在发生时应直接计入当期损益的各种费用。

7. 利润形成与分配业务的账务处理

利润是企业得以维持再生产的基础，利润的大小很大程度上反映了企业的经营业绩，利润往往是评价企业管理层业绩的一项重要指标，也是投资者等财务报告使用者进行决策时的重要参考，因此，企业必须正确计算利润。

第二节　资金筹集业务的账务处理

考纲重点分布

二、资金筹集业务的账务处理	1. 所有者权益筹资业务	掌握
	2. 负债筹资业务	掌握

考点精解

企业的资金筹集业务按其资金来源通常分为所有者权益筹资和负债筹资。所有者权益筹资形成所有者的权益（通常称为权益资本），包括投资者的投资及其增值，这部分资本的所有者既享有企业的经营收益，也承担企业的经营风险；负债筹资形成债权人的权益（通常称为债务资本），主要包括企业向债权人借入的资金和结算形成的负债资金等，这部分资本的所有者享有按约收回本金和利息的权利。

一、所有者权益筹资业务

考点1 所有者投入资本的构成

所有者投入资本按照投资主体的不同可以分为国家资本金、法人资本金、个人资本金和外商资本金等。国家资本金是指有权代表国家投资的政府部门或者机构以国有资产投入企业形成的资本金；法人资本金是指其他法人单位以其依法可以支配的资产投入企业形成的资本金；个人资本金是指社会公众以个人合法财产投入企业形成的资本金；外商资本金是指外国投资者以及我国香港、澳门和台湾地区投资者向境内企业投资形成的资本金。

所有者投入的资本主要包括实收资本（或股本）和资本公积。

实收资本（或股本）是指企业的投资者按照企业章程、合同或协议的约定，实际投入企业的资本金以及按照有关规定由资本公积、盈余公积等转增资本的资金。我国《公司法》规定，股东可以用货币资金出资，也可以用实物、知识产权和土地使用权等可以用货币估价并可依法转让的非货币财产作价出资；但是，法律、行政法规规定不得作为出资的财产除外。

资本公积是指企业收到投资者投入的超出其所在企业注册资本（或股本）中所占份额的投资（即资本溢价或股本溢价），以及直接计入所有者权益的利得和损失等。资本公积作为企业所有者权益的重要组成部分，主要用于转增资本。

考点2 账户设置

1. "实收资本（或股本）"账户

"实收资本"账户（股份有限公司一般设置"股本"账户）属于所有者权益类账户，用以核算企业接受投资者投入的实收资本。

该账户贷方登记所有者投入企业资本金的增加额，借方登记所有者投入企业资本金的减少额。期末余额在贷方，反映企业期末实收资本（或股本）总额。

该账户可按投资者的不同设置明细账户，进行明细核算。

2. "资本公积"账户

"资本公积"账户属于所有者权益类账户，用以核算企业收到投资者出资额超出其在注册资本或股本中所占份额的部分，以及直接计入所有者权益的利得和损失等。

该账户贷方登记资本公积的增加额，借方登记资本公积的减少额。期末余额在贷方，反映企业期末资本公积的结余数额。

该账户可按资本公积的来源不同，分别以"资本溢价（或股本溢价）"、"其他资本公积"进行明细核算。

3. "银行存款"账户

"银行存款"账户属于资产类账户，用以核算企业存入银行或其他金融机构的各种款项，但是银行汇票存款、银行本票存款、信用卡存款、信用证保证金存款、存出投资款、外埠存款等，通过"其他货币资金"账户核算。

该账户借方登记存入的款项，贷方登记提取或支出的存款。期末余额在借方，反映企业存在银行或其他金融机构的各种款项。

该账户应当按照开户银行、存款种类等分别进行明细核算。

考点 3　账务处理

1. 企业接受货币资产投资

基本账务处理：

借：银行存款

　　贷：实收资本（按投资合同或协议约定的投资者在企业注册资本中所占份额的
　　　　　部分）

　　　　资本公积——资本溢价（实际收到的金额与投资者在企业注册资本中所占
　　　　　份额的差额）

【例5-1】甲、乙共同出资设立A有限责任公司，注册资本为10 000 000元，款项已
经通过银行收妥。甲、乙持股比例分别为50%和50%。按照章程规定，甲、乙投入资本
分别为5 000 000元和5 000 000元。A有限责任公司已如期收到投资者一次缴足的款项，
不考虑其他因素。编制会计分录如下：

借：银行存款　　　　　　　　　　　　　　　　　　　　　　　　　10 000 000

　　贷：实收资本——甲　　　　　　　　　　　　　　　　　　　　　5 000 000

　　　　　　——乙　　　　　　　　　　　　　　　　　　　　　　　5 000 000

【例5-2】接【例5-1】，经过三年发展，A有限责任公司为扩大经营规模，经批
准，将公司注册资本加到15 000 000元。按照投资协议，新股东丙需缴入货币资金
6 000 000元，同时丙享有该公司1/3的股份。A有限责任公司收到丙的投资，款项存入银
行，不考虑其他因素。编制会计分录如下：

借：银行存款　　　　　　　　　　　　　　　　　　　　　　　　　6 000 000

　　贷：实收资本——丙　　　　　　　　　　　　　　　　　　　　5 000 000

　　　　资本公积——资本溢价　　　　　　　　　　　　　　　　　1 000 000

2. 企业接受非货币资产投资

基本账务处理：

借：固定资产/无形资产/原材料（合同或协议约定的价值入账，不公允的除外）

　　应交税费——应交增值税（进项税额）

　　贷：实收资本

　　　　资本公积——资本溢价

【例5-3】A有限责任公司为增值税一般纳税人，本月接受红星公司以原材料作为投
资，取得增值税专用发票注明价款1 000 000元，增值税税额170 000元，已办妥各种手
续。编制会计分录如下：

借：原材料　　　　　　　　　　　　　　　　　　　　　　　　　　1 000 000

　　应交税费——应交增值税（进项税额）　　　　　　　　　　　　　170 000

　　贷：实收资本——红星公司　　　　　　　　　　　　　　　　　1 170 000

二、负债筹资业务

考点 1　负债筹资的构成

企业除了从投资者处筹集资金外，还可能为了进行生产经营活动或扩大生产经营活动
而借入资金。

负债筹资主要包括向银行或非银行金融机构借入的<u>短期借款</u>和<u>长期借款</u>以及<u>结算形成的负债</u>等。

1. 短期借款

短期借款是指企业为了满足其生产经营对资金的临时性需要而向银行或其他金融机构等借入的偿还期限在<u>一年以内（含一年）</u>的各种借款。

2. 长期借款

长期借款是指企业向银行或其他金融机构等借入的偿还期限在<u>一年以上（不含一年）</u>的各种借款。

3. 结算形成的负债

结算形成的负债主要有<u>应付账款</u>、<u>应付职工薪酬</u>、<u>应交税费</u>等。

考点2 账户设置

企业通常设置以下账户对负债筹资业务进行会计核算：

1. "短期借款"账户

"<u>短期借款</u>"账户属于<u>负债类账户</u>，用以核算企业的短期借款。

该账户<u>贷方登记短期借款本金的增加额</u>，<u>借方登记短期借款本金的减少额</u>。期末余额在贷方，反映企业期末尚未归还的短期借款。

<u>该账户可按借款种类、贷款人和币种进行明细核算</u>。

2. "长期借款"账户

"<u>长期借款</u>"账户属于<u>负债类账户</u>，用以核算企业的长期借款。

该账户<u>贷方登记企业借入的长期借款本金</u>，<u>借方登记归还的本金和利息</u>。期末余额在贷方，反映企业期末尚未偿还的长期借款。

该账户可按贷款单位和贷款种类，分别设置"本金"、"利息调整"等进行明细核算。

3. "应付利息"账户

"<u>应付利息</u>"账户属于<u>负债类账户</u>，用以核算企业按照合同约定应支付的利息，包括吸收存款、分期付息到期还本的长期借款、企业债券等应支付的利息。

该账户贷方登记企业按合同利率计算确定的应付未付利息，借方登记归还的利息。期末余额在贷方，反映企业应付未付的利息。

<u>该账户可按存款人或债权人进行明细核算</u>。

4. "财务费用"账户

"<u>财务费用</u>"账户属于<u>损益类账户</u>，用以核算<u>企业为筹集生产经营所需资金等而发生的筹资费用</u>，包括<u>利息支出（减利息收入）、汇兑损益以及相关的手续费、企业发生的现金折扣或收到的现金折扣</u>等。为购建或生产满足资本化条件的资产发生的应予资本化的借款费用，通过"在建工程"、"制造费用"等账户核算。

该账户<u>借方登记手续费、利息费用等的增加额</u>，<u>贷方登记应冲减财务费用的利息收入</u>等。<u>期末结转后，该账户无余额</u>。

该账户可按费用项目进行明细核算。

考点3 账务处理

1. 短期借款的账务处理

企业借入的各种短期借款，借记"银行存款"科目，贷记"短期借款"科目；归还借款时做相反的会计分录。资产负债表日，应按计算确定的短期借款利息费用，借记"财务费用"科目，贷记"银行存款"、"应付利息"等科目。

如果利息分期（季、半年）支付或到期一次支付，且数额较大，可采用预提的方法分期计入损益；如果利息按月支付，或者虽然分期（季、半年）支付或到期一次支付、但数额较小，可不用预提的方法，而在实际支付利息时直接计入当期损益。

基本账务处理：

（1）取得短期借款本金：

借：银行存款

    贷：短期借款（本金）

（2）短期借款利息处理：

1）短期借款利息需要按月预提时：

借：财务费用

    贷：应付利息

2）实际支付利息时：

借：财务费用（支付当月利息）

   应付利息（已计提利息）

    贷：银行存款

（3）归还分期付息到期还本的短期借款本金时：

借：短期借款

    贷：银行存款

【提示】短期借款利息不预提的账务处理。

（1）取得短期借款本金：

借：银行存款

    贷：短期借款（本金）

（2）到期归还本息时：

借：短期借款（短期借款本金）

   财务费用（全部利息）

    贷：银行存款

【例5-4】某有限责任公司于2014年1月1日取得银行借款20 000元，期限半年，年利率5%。利息直接支付，不预提。2014年7月1日，该公司将该笔借款还本付息。该公司进行会计处理时，应编制如下会计分录：

（1）借入款项时：

借：银行存款   20 000

    贷：短期借款   20 000

（2）还本付息时：

借：短期借款   20 000

   财务费用   500

    贷：银行存款   20 500

【例5-5】甲公司于2014年1月1日取得银行借款100 000元，期限9个月，年利率

6%，该借款到期后按期如数偿还，利息分月计提，按季支付。编制会计分录如下：

（1）1月1日借入短期借款：

借：银行存款　　　　　　　　　　　　　　　　　　　100 000

　　贷：短期借款　　　　　　　　　　　　　　　　　　　100 000

（2）1月末计提当月应付利息：

借：财务费用　　　　　　　　　　　　　　　　　　　　500

　　贷：应付利息　　　　　　　　　　　　　　　　　　　500

本月应计提的利息金额 ＝ 100 000 × 6% ÷ 12 ＝ 500（元）

（3）2月末计提当月利息的处理与1月份相同。

（4）3月末支付第一季度银行借款利息：

借：财务费用　　　　　　　　　　　　　　　　　　　　500

　　应付利息　　　　　　　　　　　　　　　　　　　1 000

　　贷：银行存款　　　　　　　　　　　　　　　　　　1 500

（5）第二、第三季度的会计处理同上。

（6）10月1日到期偿还银行借款本金：

借：短期借款　　　　　　　　　　　　　　　　　　　100 000

　　贷：银行存款　　　　　　　　　　　　　　　　　　100 000

2. 长期借款的账务处理

（1）取得长期借款。应按实际收到的金额借记"银行存款"科目，按借款本金贷记"长期借款——本金"科目，如存在差额，还应借记"长期借款——利息调整"科目。

（2）长期借款利息处理。应当按以下原则计入有关成本、费用：属于筹建期间的，计入"管理费用"；属于生产经营期间，计入"财务费用"。如果长期借款用于购建固定资产等，符合资本化条件的资产，在资产尚未达到预定可使用状态前，所发生的利息支出数应当资本化，计入"在建工程"等相关资产成本；资产达到预定可使用状态后发生的利息支出，以及按规定不予资本化的利息支出，计入"财务费用"。

按照付息方式与本金的偿还方式，可将长期借款分为分期付息到期还本的长期借款和到期一次还本付息的长期借款。若长期借款利息是分期付息，则在计提利息费用时，贷记"应付利息"科目；若长期借款利息是到期一次付息，则在计提利息时，贷记"长期借款——应计利息"。

资产负债表日，应按确定的长期借款的利息费用，借记"在建工程"、"制造费用"、"财务费用"、"研发支出"等科目，按确定的应付未付利息，贷记"应付利息"科目或"长期借款——应计利息"科目，按其差额，贷记"长期借款——利息调整"等科目。

基本账务处理：

（1）分期付息到期还本的情形：

1）借入本金时：

借：银行存款

　　贷：长期借款——本金

2）计提长期借款利息时：

借：财务费用（生产经营期间的利息）

　　管理费用（筹建期间的利息）

　　在建工程（建造固定资产符合资本化条件的利息）

　　　　贷：应付利息

　　3）支付长期借款利息时：

　　借：应付利息（前期累计已计提的利息）

　　财务费用/管理费用/在建工程（支付当月的利息）

　　　　贷：银行存款

　　4）到期归还长期借款本金时：

　　借：长期借款——本金

　　　　贷：银行存款

　　（2）到期一次还本付息的情形：

　　1）借入本金时：

　　借：银行存款

　　　　贷：长期借款——本金

　　2）计提长期借款利息时：

　　借：财务费用（生产经营期间的利息）

　　管理费用（筹建期间的利息）

　　在建工程（建造固定资产符合资本化条件的利息）

　　　　贷：长期借款——应计利息

　　3）到期归还长期借款本金及利息时：

　　借：长期借款——本金

　　　　　　——应计利息（前期累计已计提的利息）

　　财务费用/管理费用/在建工程（支付当月的利息）

　　　　贷：银行存款

　　【例5-6】甲公司于2010年11月30日从银行借入资金300 000元，借款期限为3年，年利率为8%（到期一次还本付息，不计复利）。所借款项已存入银行。甲企业2010年12月31日及2011年1月至2013年10月每月末计提长期借款利息。2013年11月30日，甲企业偿还了该笔银行借款利息。编制会计分录如下：

　　（1）借入长期借款本金时：

借：银行存款　　　　　　　　　　　　　　　　　　　　　　　　300 000

　　贷：长期借款——本金　　　　　　　　　　　　　　　　　　　　300 000

　　（2）2010年12月末计提长期借款利息时：

借：财务费用　　　　　　　　　　　　　　　　　　　　　　　　2 000

　　贷：长期借款——应计利息　　　　　　　　　　　　　　　　　　2 000

长期借款月利息 = 300 000 × 8% ÷ 12 = 2 000（元）

　　（3）2011年1月至2013年10月每月末计提利息的会计分录同上。

　　（4）到期还本付息时：

借：长期借款——本金　　　　　　　　　　　　　　　　　　　　300 000

　　　　　——应计利息　　　　　　　　　　　　　　　　　　　　70 000

    财务费用   2 000

       贷：银行存款   372 000

典型例题

【例题1·单选题】 某企业2011年1月1日取得银行借款100 000元，期限为10个月，年利率为6%，该借款到期后按期如数偿还，利息分月预提，按季支付。那么第四季度对此借款应计提的利息是（　　　）元。

A. 1 500　　　　　B. 600　　　　　C. 500　　　　　D. 50

【答案】 C

【解析】 因为该短期借款利息分月预提，按季支付，期限为10个月，又是2011年1月1日借入的，所以第四季度计提利息的月份仅为1个月，利息金额为100 000×6%÷12×1＝500（元），故选C。

【例题2·多选题】 收到投资人投入专利权50万元，正确的说法有（　　　）。

A. 借记"无形资产"50万元　　　　　B. 贷记"实收资本"50万元

C. 贷记"固定资产"50万元　　　　　D. 借记"资本公积"50万元

【答案】 AB

【解析】 该项经济业务应编制的会计分录为：

借：无形资产   500 000

    贷：实收资本   500 000

第三节　固定资产业务的账务处理

考纲重点分布

三、固定资产业务的账务处理	1. 固定资产的概念与特征	理解
	2. 固定资产的成本	掌握
	3. 固定资产的折旧	掌握
	4. 账户设置	掌握
	5. 账务处理	掌握

考点精解

一、固定资产的概念与特征

考点1　固定资产含义

固定资产是指为生产商品、提供劳务、出租或经营管理而持有、使用寿命超过一个会计年度的有形资产。

考点 2　固定资产的特征

固定资产具有以下特征：①属于一种有形资产；②为生产商品、提供劳务、出租或者经营管理而持有；③使用寿命超过一个会计年度。

考点 3　固定资产确认条件

1. 与该固定资产有关的经济利益很可能流入企业

资产最基本的特征是预期能够给企业带来经济利益，如果某一固定资产不能给企业带来经济利益，则不能确认为该企业的固定资产。

2. 该固定资产的价值能可靠计量

成本能够可靠计量，是资产确认的一项基本条件。固定资产作为企业资产的重要组成部分，要予以确认，为取得该固定资产而发生的支出也必须能够可靠地计量。如果固定资产的成本能够可靠地计量，并同时满足其他确认条件，就可以加以确认，否则，企业不应加以确认。

考点 4　固定资产进行确认的方法

（1）固定资产各组成部分具有不同使用寿命或以不同方式为企业提供经济利益，适用不同的折旧率和折旧方法，应当分别将各组成部分确认为单项固定资产。

（2）与固定资产有关的后续支出符合其确认条件的，应确认其成本，不符合确认条件的，应当在发生后计入当期损益。

二、固定资产的成本

考点　固定资产的成本

固定资产的成本是指企业购建某项固定资产达到预定可使用状态前所发生的一切合理、必要的支出。

企业可以通过外购、自行建造、投资者投入、非货币性资产交换、债务重组、企业合并和融资租赁等方式取得固定资产。不同取得方式下，固定资产成本的具体构成内容及其确定方法也不尽相同。

外购固定资产的成本，包括购买价款、相关税费、使固定资产达到预定可使用状态前所发生的可归属于该项资产的运输费、装卸费、安装费和专业人员服务费等。

【提示】　相关税费强调 2009 年 1 月 1 日增值税转型改革后，企业购建（包括购进、接受捐赠、实物投资、自制、改扩建和安装）生产用固定资产发生的增值税进项税额可以从销项税额中抵扣。

以一笔款项购入多项没有单独标价的固定资产，应当按照各项固定资产公允价值比例对总成本进行分配，分别确定各项固定资产的成本。

三、固定资产的折旧

考点 1　固定资产折旧的概念

固定资产折旧是指在固定资产使用寿命内，按照确定的方法对应计折旧额进行的系统分摊。其中，应计折旧额是指应当计提折旧的固定资产的原价扣除其预计净残值后的金额。已计提减值准备的固定资产，应当扣除已计提的固定资产减值准备累计金额。

考点2 影响固定资产折旧的因素

1. 固定资产原价

固定资产原价即固定资产的成本。

2. 固定资产的预计净残值

固定资产的预计净残值，是指假定固定资产预计使用寿命已满并处于使用寿命终了时的预期状态，企业目前从该项资产处置中获得的扣除预计处置费用以后的金额。由于在计算折旧时，对固定资产的残余价值和清理费用是人为估计的，所以净残值的确定有一定的主观性。企业应当根据固定资产的性质和使用情况，合理确定固定资产的预计净残值。预计净残值一经确定，不得随意变更。预计净残值率指固定资产预计净残值额占其原价的比率。

3. 固定资产减值准备

固定资产减值准备，是指固定资产已计提的固定资产减值准备累计金额。

4. 固定资产使用寿命

固定资产使用寿命，是指企业使用固定资产的预计期间，或者该固定资产所能生产产品或提供劳务的数量。固定资产使用寿命的长短直接影响各期应计提的折旧额。

考点3 固定资产折旧范围

1. 不提折旧的固定资产

（1）已提足折旧仍继续使用的固定资产。

（2）按规定单独估价作为固定资产入账的土地。

（3）以融资方式租出和以经营方式租入的固定资产。

（4）处于更新改造停止使用的固定资产。

（5）提前报废的固定资产，不再补提折旧。

（6）企业持有待售的固定资产。

2. 折旧的时间范围

（1）当月增加的固定资产，当月不提折旧，从下月起计提折旧。

（2）当月减少的固定资产，当月照提折旧，从下月起不再提折旧。

考点4 固定资产计提折旧方法

企业可选用的折旧方法有年限平均法、工作量法、双倍余额递减法和年数总和法等。其中双倍余额递减法、年数总和法属于加速折旧法。本教材重点介绍年限平均法和工作量法。

1. 年限平均法

年限平均法又称直线法，是指将固定资产的应计折旧额均匀地分摊到固定资产预计使用寿命内的一种方法，各月应计提折旧额的计算公式如下：

月折旧额 =（固定资产原价 − 预计净残值）×月折旧率

其中，预计净残值 = 固定资产原价×预计净残值率

月折旧率 = 年折旧率÷12

$$年折旧率 = \frac{1}{预计使用寿命} \times 100\%$$

【例5−7】 某企业有一设备，原值为300 000元，预计可使用年限为10年，按照有关

规定，该设备报废时的净残值率为2%。计算该设备的年折旧率和年折旧额。

$$年折旧率 = 1 \div 10 \times 100\% = 10\%$$

$$\begin{aligned}年折旧额 &= （300\,000 - 300\,000 \times 2\%）\times 10\% \\ &= 300\,000 \times （1 - 2\%）\times 10\% \\ &= 29\,400（元）\end{aligned}$$

2. 工作量法

工作量法是根据实际工作量计算每期应提折旧额的一种方法。计算公式如下：

$$单位工作量折旧额 = \frac{固定资产原值 \times （1 - 净残值率）}{预计总工作量}$$

某项固定资产月折旧额 = 该项固定资产当月工作量 × 单位工作量折旧额

【例5-8】某企业的一辆运货卡车原值为100 000元，预计总行驶里程为50万公里，其报废时的净残值率为5%，本月行驶里程为4 000公里，计算当月的折旧额。

$$单位工作量折旧额 = 100\,000 \times （1 - 5\%）\div 500\,000 = 0.19（元/公里）$$

$$月折旧额 = 0.19 \times 4\,000 = 760（元）$$

不同的固定资产折旧方法将影响固定资产使用寿命期间内不同时期的折旧费用。企业应当根据与固定资产有关的经济利益的预期实现方式合理选择折旧方法，固定资产的折旧方法一经确定，不得随意变更。

固定资产在其使用过程中，因所处经济环境、技术环境以及其他环境均有可能发生很大变化，企业至少应当于每年年度终了，对固定资产的使用寿命、预计净残值和折旧方法进行复核。固定资产使用寿命、预计净残值和折旧方法的改变，应当作为会计估计变更。

四、账户设置

考点 账户设置

企业通常设置以下账户对固定资产业务进行会计核算：

1. "在建工程" 账户

"在建工程"账户属于资产类账户，用以核算企业基建、更新改造等在建工程发生的支出。

该账户借方登记企业各项在建工程的实际支出，贷方登记工程达到预定可使用状态时转出的成本等。期末余额在借方，反映企业期末尚未达到预定可使用状态的在建工程的成本。

该账户可按"建筑工程"、"安装工程"、"在安装设备"、"待摊支出"以及"单项工程"等进行明细核算。

2. "工程物资" 账户

"工程物资"账户属于资产类账户，用以核算企业为在建工程准备的各种物资的成本，包括工程用材料、尚未安装的设备以及为生产准备的工器具等。

该账户借方登记企业购入工程物资的成本，贷方登记领用工程物资的成本。期末余额在借方，反映企业期末为在建工程准备的各种物资的成本。

该账户可按"专用材料"、"专用设备"、"工器具"等进行明细核算。

3. "固定资产" 账户

"固定资产"账户属于资产类账户，用以核算企业持有的固定资产原价。

该账户的借方登记固定资产的增加，贷方登记固定资产的减少。期末余额在借方，反映企业期末固定资产的原价。

该账户可按固定资产类别和项目进行明细核算。

4. "累计折旧"账户

"累计折旧"账户属于资产类备抵账户，用以核算企业固定资产计提的累计折旧。

该账户贷方登记按月提取的折旧额，即累计折旧的增加额，借方登记因减少固定资产而转出的累计折旧。期末余额在贷方，反映期末固定资产的累计折旧额。

该账户可按固定资产的类别或项目进行明细核算。

五、账务处理

考点1　外购固定资产的核算

1. 购入不需要安装的固定资产

借：固定资产（买价、运输费、保险费、相关税费、归属于资产的其他支出）

　　应交税费——应交增值税（进项税额）

　　　贷：银行存款/应付票据/应付账款

【例5-9】购入一台不需要安装设备，价款10 000元，增值税1 700元，支付运输费500元，保险1 000元，款项已用银行存款支付。编制会计分录如下：

借：固定资产　　　　　　　　　　　　　　　　　　　　　　　　　11 500

　　应交税费——应交增值税（进项税额）　　　　　　　　　　　　 1 700

　　　贷：银行存款　　　　　　　　　　　　　　　　　　　　　　　 13 200

2. 购入需要安装的固定资产

（1）购入时：

借：在建工程

　　应交税费——应交增值税（进项税额）

　　　贷：银行存款/应付票据/应付账款

（2）支付安装费时：

借：在建工程

　　　贷：银行存款

（3）设备安装完毕，交付使用时：

借：固定资产

　　　贷：在建工程

【例5-10】某企业购入一台需要安装的设备，取得的增值税专用发票上注明的设备买价为50 000元，增值税税额为8 500元，支付的运输费为1 300元。另外，支付安装费4 000元。款项均以银行存款支付。编制会计分录如下：

（1）支付设备价款、税金、运输费：

借：在建工程　　　　　　　　　　　　　　　　　　　　　　　　　51 300

　　应交税费——应交增值税（进项税额）　　　　　　　　　　　　 8 500

　　　贷：银行存款　　　　　　　　　　　　　　　　　　　　　　　 59 800

（2）支付安装费时：

借：在建工程 4 000

    贷：银行存款 4 000

（3）设备安装完毕交付使用时：

借：固定资产 55 300

    贷：在建工程 55 300

考点2 固定资产的折旧

企业按月计提的固定资产折旧，根据固定资产的用途计入相关资产的成本或者当期损益，借记"制造费用"、"销售费用"、"管理费用"、"研发支出"、"其他业务成本"等科目，贷记"累计折旧"科目。

固定资产计提折旧的核算：

借：制造费用（基本生产车间使用的固定资产）

    管理费用（管理部门使用的固定资产）

    销售费用（专设销售机构使用的固定资产）

    研发支出（研发无形资产过程中使用的固定资产）

    在建工程（企业自行建造固定资产过程中使用的固定资产）

    其他业务成本（经营租出的固定资产）

    贷：累计折旧

【例5-11】某企业采用年限平均法计提固定资产折旧。2015年5月份"固定资产折旧计算表"中确定的应提折旧额为：车间15 000元，行政管理部门6 000元。编制会计分录如下：

借：制造费用 15 000

    管理费用 6 000

    贷：累计折旧 21 000

典型例题

【例题1·多选题】 下列各项中，企业可选用的固定资产折旧方法有（   ）。

A. 年限平均法   B. 工作量法   C. 双倍余额递减法   D. 先进先出法

【答案】 ABC

【解析】 企业可选用的折旧方法有年限平均法、工作量法、双倍余额递减法和年数总和法等。

【例题2·单选题】 1月末企业固定资产账面原值为900 000元。2月份，报废设备220 000元，一条新建的生产线投入使用，入账原值为350 000元，企业采用年限平均法计提折旧，2月末计算应提折旧的固定资产原值是（   ）。

A. 900 000元   B. 680 000元   C. 1 250 000元   D. 1 030 000元

【答案】 A

【解析】 企业在计提固定资产折旧时，当月增加的固定资产，当月不提折旧，从下月起计提折旧。那么2月份一条新建的生产线投入使用，是不需要计提折旧的。当月减少的固定资产，当月照提折旧，从下月起不再提折旧。因此本题答案为A。

【例题3·多选题】 下列关于固定资产特征的描述正确的是（   ）。

A. 固定资产为有形资产

B. 固定资产的变现能力很强

C. 固定资产使用寿命超过一个会计年度

D. 固定资产是为生产商品、提供劳务、出租或经营管理而持有的

【答案】ACD

【解析】固定资产具有以下三种特征：①固定资产属于有形资产；②固定资产是为生产商品、提供劳务、出租或经营管理而持有的；③固定资产使用寿命超过一个会计年度。

第四节　材料采购业务的账务处理

考纲重点分布

四、材料采购业务的账务处理	1. 材料的采购成本	理解
	2. 账户设置	掌握
	3. 账务处理	掌握

考点精解

一、材料的采购成本

考点　材料的采购成本

材料的采购成本是指企业物资从采购到入库前所发生的全部支出，包括购买价款、相关税费、运输费、装卸费、保险费以及其他可归属于采购成本的费用。

在实务中，企业也可以将发生的运输费、装卸费、保险费以及其他可归属于采购成本的费用等先进行归集，期末，按照所购材料的存销情况进行分摊。

二、账户设置

考点　账户设置

企业通常设置以下账户对材料采购业务进行会计核算：

1. "原材料"账户

"原材料"账户属于资产类账户，用以核算企业库存的各种材料，包括原料及主要材料、辅助材料、外购半成品（外购件）、修理用备件（备品备件）、包装材料、燃料等的计划成本或实际成本。企业收到来料加工装配业务的原料、零件等，应当设置备查簿进行登记。

该账户借方登记已验收入库材料的成本，贷方登记发出材料的成本。期末余额在借方，反映企业库存材料的计划成本或实际成本。

该账户可按材料的保管地点（仓库）、材料的类别、品种和规格等进行明细核算。

2. "材料采购"账户

"材料采购"账户属于资产类账户，用以核算企业采用计划成本进行材料日常核算而

购入材料的采购成本。

该账户借方登记企业采用计划成本进行核算时，采购材料的实际成本以及材料入库时结转的节约差异，贷方登记入库材料的计划成本以及材料入库时结转的超支差异。期末余额在借方，反映企业在途材料的采购成本。

该账户可按供应单位和材料品种进行明细核算。

3."材料成本差异"账户

"材料成本差异"账户属于资产类账户，用以核算企业采用计划成本进行日常核算的材料计划成本与实际成本的差额。

该账户借方登记入库材料形成的超支差异以及转出的发出材料应负担的节约差异，贷方登记入库材料形成的节约差异以及转出的发出材料应负担的超支差异。期末余额在借方，反映企业库存材料等的实际成本大于计划成本的差异；期末余额在贷方，反映企业库存材料等的实际成本小于计划成本的差异。

该账户可以分别按照"原材料"、"周转材料"等类别或品种进行明细核算。

4."在途物资"账户

"在途物资"账户属于资产类账户，用以核算企业采用实际成本（或进价）进行材料、商品等物资的日常核算、货款已付尚未验收入库的在途物资的采购成本。

该账户借方登记购入材料、商品等物资的买价和采购费用（采购实际成本），贷方登记已验收入库材料、商品等物资应结转的实际采购成本。期末余额在借方，反映企业期末在途材料、商品等物资的采购成本。

该账户可按供应单位和物资品种进行明细核算。

5."应付账款"账户

"应付账款"账户属于负债类账户，用以核算企业因购买材料、商品和接受劳务等经营活动应支付的款项。

该账户贷方登记企业因购入材料、商品和接受劳务等尚未支付的款项，借方登记偿还的应付账款。期末余额一般在贷方，反映企业期末尚未支付的应付账款余额；如果在借方，反映企业期末预付账款余额。

该账户可按债权人进行明细核算。

6."应付票据"账户

"应付票据"账户属于负债类账户，用以核算企业购买材料、商品和接受劳务等开出、承兑的商业汇票，包括银行承兑汇票和商业承兑汇票。

该账户贷方登记企业开出、承兑的商业汇票，借方登记企业已经支付或者到期无力支付的商业汇票。期末余额在贷方，反映企业尚未到期的商业汇票的票面金额。

该账户可按债权人进行明细核算。

7."预付账款"账户

"预付账款"账户属于资产类账户，用以核算企业按照合同规定预付的款项。预付款项情况不多的，也可以不设置该账户，将预付的款项直接记入"应付账款"账户。

该账户的借方登记企业因购货等业务预付的款项，贷方登记企业收到货物后应支付的款项等。期末余额在借方，反映企业预付的款项；期末余额在贷方，反映企业尚需补付的款项。

该账户可按供货单位进行明细核算。

8."应交税费"账户

"应交税费"账户属于负债类账户，用以核算企业按照税法等规定计算应交纳的各种税费，包括增值税、消费税、营业税、所得税、资源税、土地增值税、城市维护建设税、房产税、土地使用税、车船税、教育费附加、矿产资源补偿费等，企业代扣代缴的个人所得税等，也通过本账户核算。

该账户贷方登记各种应交未交税费的增加额，借方登记实际缴纳的各种税费。期末余额在贷方，反映企业尚未交纳的税费；期末余额在借方，反映企业多交或尚未抵扣的税费。

该账户可按应交的税费项目进行明细核算。

三、账务处理

材料的日常收发结存可以采用实际成本核算，也可以采用计划成本核算。

考点1　实际成本法核算的账务处理

实际成本法下，一般通过"原材料"和"在途物资"等科目进行核算。企业外购材料时，按材料是否验收入库分为以下两种情况：

1.材料已验收入库

（1）如果货款已经支付，发票账单已到，材料已验收入库，按支付的实际金额，借记"原材料"、"应交税费——应交增值税（进项税额）"等科目，贷记"银行存款"、"预付账款"等科目。

基本账务处理：

借：原材料

应交税费——应交增值税（进项税额）

贷：银行存款（用银行存款支付、支票支付）

预付账款（款项已经预付）

【例5-12】甲企业从乙企业购入A材料一批，增值税专用发票上记载的货款为60 000元，增值税10 200元，乙企业替甲企业代垫运杂费200元（假定运费不考虑增值税抵扣问题），全部欠款已用转账支票付讫，材料已验收入库。该公司采用实际成本法核算原材料。

甲企业应编制会计分录如下：

借：原材料——A材料　　　　　　　　　　　　　　　　　　60 200

应交税费——应交增值税（进项税额）　　　　　　　　10 200

贷：银行存款　　　　　　　　　　　　　　　　　　　　70 400

【提示】支付运费并取得运费专用发票的处理如下。

甲企业从乙企业购入A材料一批，增值税专用发票上记载的货款为60 000元，增值税10 200元，乙企业替甲企业代垫运杂费，运费增值税专用发票上注明运费200元，税额22元，全部欠款已用转账支票付讫，材料已验收入库。该公司采用实际成本法核算原材料。

甲企业应编制会计分录如下：

借：原材料——A材料　　　　　　　　　　　　　　　　　　60 200

	应交税费——应交增值税（进项税额）	10 222
	贷：银行存款	70 422

【例5-13】根据购销合同，某企业为向乙公司购买 E 材料预付购货款 500 000 元的 80%，共计 400 000 元。该公司采用实际成本法核算原材料。

该企业应编制会计分录如下：

借：预付账款——乙公司 400 000

　　贷：银行存款 400 000

【例5-14】承【例5-13】该企业收到乙公司发来的 E 材料，已验收入库。有关发票账单记载，该批货物的货款 400 000 元，增值税 68 000 元，对方代垫运杂费 2 200 元（没有取得运费专用发票），剩余款项以银行存款支付。该公司采用实际成本法核算原材料。

该企业应编制会计分录如下：

1）材料入库时：

借：原材料——E 材料 402 200

　　应交税费——应交增值税（进项税额） 68 000

　　贷：预付账款——乙公司 470 200

2）补付货款时：

借：预付账款——乙公司 70 200

　　贷：银行存款 70 200

（2）如果货款尚未支付，材料已经验收入库，按相关发票凭证上应付的金额，借记"原材料"、"应交税费——应交增值税（进项税额）"等科目，贷记"应付账款"、"应付票据"等科目。

基本账务处理：

借：原材料

　　应交税费——应交增值税（进项税额）

　　贷：应付账款（货款未付）

　　　　应付票据（商业汇票支付）

【例5-15】甲企业从乙企业购入 A 材料一批，增值税专用发票上记载的货款为 60 000元，增值税 10 200元，材料已验收入库。甲企业尚未支付货款，开出一张金额为 50 000元的商业汇票。该公司采用实际成本法核算原材料。

材料验收入库时，甲企业应编制会计分录如下：

借：原材料——A 材料 60 000

　　应交税费——应交增值税（进项税额） 10 200

　　贷：应付账款 20 200

　　　　应付票据 50 000

（3）如果货款尚未支付，材料已经验收入库，但月末仍未收到相关发票凭证，按照暂估价入账，即借记"原材料"科目，贷记"应付账款"等科目。下月初作相反分录予以冲回，收到相关发票账单后再编制会计分录。

基本账务处理：

1）月末按暂估价格入账：

借：原材料（估计价格）

    贷：应付账款——暂估应付账款

2）下月初作相反分录冲回：

借：应付账款——暂估应付账款

    贷：原材料（估计价格）

3）收到发票账单时：

借：原材料（实际价格）

    应交税费——应交增值税（进项税额）

    贷：银行存款/应付账款

【例5-16】2014年8月5日A企业从B企业购入甲材料2 000千克，材料已经运到并验收入库，但发票尚未到达并且货款尚未支付，则2014年8月31日按暂估价入账，假设其暂估价为6 000元，有关会计处理如下：

借：原材料——甲材料   6 000

    贷：应付账款——暂估应付账款   6 000

9月1日再编制相反的会计分录予以冲回：

借：应付账款——暂估应付账款   6 000

    贷：原材料——甲材料   6 000

2. 材料尚未验收入库

如果货款已经支付，发票账单已到，但材料尚未验收入库，按支付的金额，借记"在途物资"、"应交税费——应交增值税（进项税额）"等科目，贷记"银行存款"等科目；待验收入库时再编制后续分录。

对于可以抵扣的增值税进项税额，一般纳税人企业应根据收到的增值税专用发票上注明的增值税额，借记"应交税费——应交增值税（进项税额）"科目。

基本账务处理：

（1）货款已经支付，发票账单已到，但材料尚未验收入库：

借：在途物资

    应交税费——应交增值税（进项税额）

    贷：银行存款等

（2）上述材料入库：

借：原材料

    贷：在途物资

【例5-17】某企业采用汇兑结算方式向丙工厂购入B材料一批，发票及账单已收到。货款50 000元，增值税8 500元，运费500元（没有取得运费专用发票），全部款项已支付，材料尚未到达。

该企业应编制会计分录如下：

借：在途物资——B材料   50 500

    应交税费——应交增值税（进项税额）   8 500

    贷：银行存款   59 000

【例5-18】承【例5-17】，该企业购入的B材料已收到，并验收入库。

该企业应编制会计分录如下：

借：原材料——B材料   50 500

  贷：在途物资——B材料   50 500

考点2 计划成本法核算的账务处理

计划成本法下，一般通过"材料采购"、"原材料"、"材料成本差异"等科目进行核算。企业外购材料时，按材料是否验收入库分为以下两种情况：

1. 材料已验收入库

（1）如果货款已经支付，发票账单已到，材料已验收入库，按支付的实际金额，借记"材料采购"科目，贷记"银行存款"科目；按计划成本金额，借记"原材料"科目，贷记"材料采购"科目；按计划成本与实际成本之间的差额，借记（或贷记）"材料采购"科目，贷记（或借记）"材料成本差异"科目。

基本账务处理：

1）入库前：

借：材料采购（实际成本）

  应交税费——应交增值税（进项税额）

  贷：银行存款

2）入库时：

借：原材料（计划成本）

  贷：材料采购（计划成本）

同时调整差异：

借：材料采购

  贷：材料成本差异（调整节约差异）

借：材料成本差异（调整超支差异）

  贷：材料采购

【例5-19】A公司购入甲材料一批，货款200 000元，增值税34 000元，发票账单已收到，计划成本为220 000元，材料已验收入库，款项已用银行存款支付。A公司应编制会计分录如下：

借：材料采购——甲材料   200 000

  应交税费——应交增值税（进项税额）   34 000

  贷：银行存款   234 000

借：原材料——甲材料   220 000

  贷：材料采购——甲材料   220 000

借：材料采购——甲材料   20 000

  贷：材料成本差异——甲材料   20 000

（2）如果货款尚未支付，材料已经验收入库，按相关发票凭证上应付的金额，借记"材料采购"科目，贷记"应付账款"、"应付票据"等科目；按计划成本金额，借记"原材料"科目，贷记"材料采购"科目；按计划成本与实际成本之间的差额，借记（或贷记）"材料采购"科目，贷记（或借记）"材料成本差异"科目。

基本账务处理：

1）入库前：

借：材料采购（实际成本）

　　应交税费——应交增值税（进项税额）

　　　贷：应付账款

2）入库时：

借：原材料（计划成本）

　　　贷：材料采购（计划成本）

同时调整差异：

借：材料采购

　　　贷：材料成本差异（调整节约差异）

借：材料成本差异（调整超支差异）

　　　贷：材料采购

【例 5－20】A 公司购入甲材料一批，货款 200 000 元，增值税 34 000 元，发票账单已收到，计划成本为 220 000 元，材料已验收入库，款项尚未支付。A 公司应编制会计分录如下：

借：材料采购——甲材料　　　　　　　　　　　　　　　　　　200 000

　　应交税费——应交增值税（进项税额）　　　　　　　　　　　34 000

　　　贷：应付账款　　　　　　　　　　　　　　　　　　　　　234 000

借：原材料——甲材料　　　　　　　　　　　　　　　　　　　220 000

　　　贷：材料采购——甲材料　　　　　　　　　　　　　　　　220 000

借：材料采购——甲材料　　　　　　　　　　　　　　　　　　 20 000

　　　贷：材料成本差异——甲材料　　　　　　　　　　　　　　 20 000

（3）如果材料已经验收入库，货款尚未支付，月末仍未收到相关发票凭证，按照计划成本暂估入账，即借记"原材料"科目，贷记"应付账款"等科目。下月初编制相反分录予以冲回，收到账单后再编制会计分录。

2. 材料尚未验收入库

如果相关发票凭证已到，但材料尚未验收入库，按支付或应付的实际金额，借记"材料采购"科目，贷记"银行存款"、"应付账款"等科目；待验收入库时再编制后续分录。对于可以抵扣的增值税进项税额，一般纳税人企业应根据收到的增值税专用发票上注明的增值税额，借记"应交税费——应交增值税（进项税额）"科目。

典型例题

【例题 1·单选题】企业采用实际成本法进行材料日常核算，在材料购进时，货款已付，尚未验收入库的材料应计入（　　）。

A. 材料采购　　　　B. 原材料　　　　C. 在途物资　　　　D. 库存商品

【答案】C

【解析】"在途物资"科目用于核算企业采用实际成本法进行材料日常核算时，材料已采购但尚未到达或验收入库的材料采购成本。

【例题2·多选题】原材料按实际成本计价，应设置的会计账户有（　　　）。

A. 在途物资　　　　B. 原材料　　　　C. 材料成本差异　　D. 材料采购

【答案】AB

【解析】实际成本法下，一般通过"原材料"和"在途物资"等科目进行核算。

第五节　生产业务的账务处理

考纲重点分布

五、生产业务的账务处理	1. 生产费用的构成	掌握
	2. 账户设置	掌握
	3. 账务处理	掌握

考点精解

　　企业产品的生产过程同时也是生产资料的耗费过程。企业在生产过程中发生的各项生产费用，是企业为获得收入而预先垫支并需要得到补偿的资金耗费。这些费用最终都要归集、分配给特定的产品，形成产品的成本。

　　产品成本的核算是指把一定时期内企业生产过程中所发生的费用，按其性质和发生地点，分类归集、汇总、核算，计算出该时期内生产费用发生总额，并按适当方法分别计算出各种产品的实际成本和单位成本等。

一、生产费用的构成

　　生产费用是指与企业日常生产经营活动有关的费用，按其经济用途可分为直接材料、直接人工和制造费用。

考点1　直接材料

直接材料是指构成产品实体的原材料以及有助于产品形成的主要材料和辅助材料。

考点2　直接人工

直接人工是指直接从事产品生产的工人的职工薪酬。

考点3　制造费用

　　制造费用是指企业为生产产品和提供劳务而发生的各项间接费用，包括企业生产部门（如生产车间）发生的水电费、固定资产折旧、无形资产摊销、管理人员的职工薪酬、劳动保护费、国家规定的有关环保费用、季节性和修理期间的停工损失等。制造费用不能直接计入成本，需要按一定标准分配计入核算对象。

二、账户设置

考点　账户设置

企业通常设置以下账户对生产费用业务进行会计核算：

1. "生产成本"账户

"生产成本"账户属于成本类账户，用以核算企业生产各种产品（产成品、自制半成品等）、自制材料、自制工具、自制设备等发生的各项生产成本。

该账户借方登记应计入产品生产成本的各项费用，包括直接计入产品生产成本的直接材料费、直接人工费和其他直接支出，以及期末按照一定的方法分配计入产品生产成本的制造费用；贷方登记完工入库产成品应结转的生产成本。期末余额在借方，反映企业期末尚未加工完成的在产品成本。

该账户可按基本生产成本和辅助生产成本进行明细分类核算。基本生产成本应当分别按照基本生产车间和成本核算对象（如产品的品种、类别、定单、批别、生产阶段等）设置明细账（或成本计算单），并按照规定的成本项目设置专栏。

2. "制造费用"账户

"制造费用"账户属于成本类账户，用以核算企业生产车间（部门）为生产产品和提供劳务而发生的各项间接费用。

该账户借方登记实际发生的各项制造费用，贷方登记期末按照一定标准分配转入"生产成本"账户借方的应计入产品成本的制造费用。期末结转后，该账户一般无余额。

该账户可按不同的生产车间、部门和费用项目进行明细核算。

3. "库存商品"账户

"库存商品"账户属于资产类账户，用以核算企业库存的各种商品的实际成本（或进价）或计划成本（或售价），包括库存产成品、外购商品、存放在门市部准备出售的商品、发出展览的商品以及寄存在外的商品等。

该账户借方登记验收入库的库存商品成本，贷方登记发出的库存商品成本。期末余额在借方，反映企业期末库存商品的实际成本（或进价）或计划成本（或售价）。

该账户可按库存商品的种类、品种和规格等进行明细核算。

4. "应付职工薪酬"账户

"应付职工薪酬"账户属于负债类账户，用以核算企业根据有关规定应付给职工的各种薪酬。

该账户借方登记本月实际支付的职工薪酬数额；贷方登记本月计算的应付职工薪酬总额，包括各种工资、奖金、津贴和福利费等。期末余额在贷方，反映企业应付未付的职工薪酬。

该账户可按"工资"、"职工福利"、"社会保险费"、"住房公积金"、"工会经费"、"职工教育经费"、"非货币性福利"、"辞退福利"、"股份支付"等进行明细核算。

三、账务处理

考点1　材料费用的核算

在确定材料费用时，应根据领料凭证区分车间、部门和不同用途后，按照确定的结果将发出材料的成本借记"生产成本"、"制造费用"、"管理费用"等科目，贷记"原材料"等科目。

对于直接用于某种产品生产的材料费用，应直接计入该产品生产成本明细账中的直接材料费用项目；对于由多种产品共同耗用、应由这些产品共同负担的材料费用，应选择适当的标准在这些产品之间进行分配，按分担的金额计入相应的成本计算对象（生产产品的品种、类别等）；对于为提供生产条件等间接消耗的各种材料费用，应先通过"制造费用"科目进行归集，期末再同其他间接费用一起按照一定的标准分配计入有关产品成本；对于行政管理部门领用的材料费用，应记入"管理费用"科目。

基本账务处理：

借：生产成本（直接用于某种产品生产领用）

　　制造费用（生产车间的一般耗用）

　　管理费用（行政管理部门领用）

　　销售费用（销售部门领用）

　　贷：原材料

【例 5 – 21】某企业 2014 年 12 月发出材料汇总为表 5 – 1 的材料费用分配表，会计部门根据此表编制材料发出的会计分录。

表 5 – 1　材料费用分配表
2014 年 12 月
单位：元

项目	甲材料		乙材料		丙材料		合计
	数量	金额	数量	金额	数量	金额	
生产用料：A 产品	2 150	215 000	1 200	100 000			315 000
B 产品	340	34 000	2 400	200 000			234 000
生产车间一般耗用					125	2 500	2 500
厂部管理部门耗用					100	2 000	2 000
合计	2 490	249 000	3 600	300 000	225	4 500	553 500

这项经济业务编制的会计分录如下：

借：生产成本——A 产品　　　　　　　　　　　　　　　　　　　　　315 000

　　　　　　——B 产品　　　　　　　　　　　　　　　　　　　　　234 000

　　制造费用　　　　　　　　　　　　　　　　　　　　　　　　　　　2 500

　　管理费用　　　　　　　　　　　　　　　　　　　　　　　　　　　2 000

　　贷：原材料　　　　　　　　　　　　　　　　　　　　　　　　　553 500

考点2　人工费用的核算

1. 职工薪酬的内容

职工薪酬是指企业为获得职工提供的服务或解除劳动关系而给予各种形式的报酬或补偿，具体包括短期薪酬、离职后福利、辞退福利和其他长期职工福利。企业提供给职工配偶、子女、受赡养人、已故员工遗属及其他受益人等的福利，也属于职工薪酬。

（1）短期薪酬，是指企业在职工提供相关服务的年度报告期间结束后 12 个月内需要

· 74 ·

全部予以支付的职工薪酬，因解除与职工的劳动关系给予的补偿除外。短期薪酬具体包括职工工资、奖金、津贴和补贴，职工福利费，医疗保险费、工伤保险费和生育保险费等社会保险费，住房公积金，工会经费和职工教育经费等。

（2）离职后福利，是指企业为获得职工提供的服务而在职工退休或与企业解除劳动关系后，提供的各种形式的报酬和福利，短期薪酬和辞退福利除外。

（3）辞退福利，是指企业在职工劳动合同到期之前解除与职工的劳动关系，或者为鼓励职工自愿接受裁减而给予职工的补偿。

（4）其他长期职工福利，是指除短期薪酬、离职后福利、辞退福利之外所有的职工薪酬，包括长期带薪缺勤、长期残疾福利、长期利润分享计划等。

2. 职工薪酬的归集与分配

对于短期职工薪酬，企业应当在职工为其提供服务的会计期间，按实际发生额确认为负债，并计入当期损益或相关资产成本。企业应当根据职工提供服务的受益对象，分下列情况处理：

（1）应由生产产品、提供劳务负担的短期职工薪酬，计入产品成本或劳务成本。其中，生产工人的短期职工薪酬应借记"生产成本"科目，贷记"应付职工薪酬"科目；生产车间管理人员的短期职工薪酬属于间接费用，应借记"制造费用"科目，贷记"应付职工薪酬"科目。

当企业采用计件工资制时，生产工人的短期职工薪酬属于直接费用，应直接计入有关产品的成本。当企业采用计时工资制时，对于只生产一种产品的生产工人的短期职工薪酬也属于直接费用，应直接计入产品成本；对于同时生产多种产品的生产工人的短期职工薪酬，则需采用一定的分配标准（实际生产工时或定额生产工时等）分配计入产品成本。

（2）应由在建工程、无形资产负担的短期职工薪酬，计入建造固定资产或无形资产成本。

（3）除上述两种情况之外的其他短期职工薪酬应计入当期损益。如企业行政管理部门人员和专设销售机构销售人员的短期职工薪酬均属于期间费用，应分别借记"管理费用"、"销售费用"等科目，贷记"应付职工薪酬"科目。

基本账务处理：

借：生产成本（生产人员的职工薪酬）

　　制造费用（车间管理人员的职工薪酬）

　　管理费用（管理部门人员的职工薪酬）

　　销售费用（销售人员的职工薪酬）

　　在建工程（在建工程人员的职工薪酬）

　　贷：应付职工薪酬

【例5-22】假设企业2014年12月分配职工的工资费用如表5-2所示，企业会计部门据此进行会计处理。

表 5-2　职工薪酬分配表　　　　　　　　　　　　　　　单位：元

项目	工资费用
生产工人薪酬：A产品生产工人	11 400
B产品生产工人	15 960
车间管理人员	6 840
厂部管理人员	9 120
销售部门人员	2 280
合计	45 600

这项经济业务编制会计分录如下：

借：生产成本——A产品　　　　　　　　　　　　　　　　　　11 400
　　　　　　　——B产品　　　　　　　　　　　　　　　　　　15 960
　　制造费用　　　　　　　　　　　　　　　　　　　　　　　6 840
　　管理费用　　　　　　　　　　　　　　　　　　　　　　　9 120
　　销售费用　　　　　　　　　　　　　　　　　　　　　　　2 280
　　贷：应付职工薪酬　　　　　　　　　　　　　　　　　　　　　45 600

考点3　制造费用的归集与分配

企业发生的制造费用，应当按照合理的分配标准按月分配计入各成本核算对象的生产成本。企业可以采取的分配标准包括机器工时、人工工时、计划分配率等。

企业发生制造费用时，借记"制造费用"科目，贷记"累计折旧"、"银行存款"、"应付职工薪酬"等科目；结转或分摊时，借记"生产成本"等科目，贷记"制造费用"科目。

【例5-23】 某企业本月生产A产品耗用机器工时120小时，生产B产品耗用机器工时180小时。本月发生车间管理人员工资3万元，产品生产人员工资30万元。该企业按机器工时比例分配制造费用。假设不考虑其他因素，要求在A、B产品之间分配制造费用，并编制会计分录。

该题本月发生车间管理人员工资应计入制造费用，金额为3万元。按机器工时比例分配制造费用如下：

制造费用分配率 = 制造费用总额/机器运转总时数
　　　　　　　　 = 3 ÷ （120 + 180）= 0.01（万元/小时）

A产品应负担的制造费用 = 0.01 × 120 = 1.2（万元）

B产品应负担的制造费用 = 0.01 × 180 = 1.8（万元）

借：生产成本——A产品　　　　　　　　　　　　　　　　　　1.2
　　　　　　　——B产品　　　　　　　　　　　　　　　　　　1.8
　　贷：制造费用　　　　　　　　　　　　　　　　　　　　　　　3

考点4　完工产品生产成本的计算与结转

产品生产成本计算是指将企业生产过程中为制造产品所发生的各种费用按照成本计算对象进行归集和分配，以便计算各种产品的总成本和单位成本。有关产品成本信息是进行库存商品计价和确定销售成本的依据。产品生产成本计算是会计核算的一项重要内容。

企业应设置产品生产成本明细账，用来归集应计入各种产品的生产费用。通过对材料费用、职工薪酬和制造费用的归集和分配，企业各月生产产品所发生的生产费用应记入"生产成本"科目中。

如果月末某种产品全部完工，该种产品生产成本明细账所归集的费用总额，就是该种完工产品的总成本，用完工产品总成本除以该种产品的完工总产量即可计算出该种产品的单位成本。如果月末某种产品全部未完工，该种产品生产成本明细账所归集的费用总额就是该种产品在产品的总成本。

如果月末某种产品一部分完工，一部分未完工，这时归集在产品成本明细账中的费用总额还要采取适当的分配方法在完工产品和在产品之间进行分配，然后才能计算出完工产品的总成本和单位成本。完工产品成本的基本计算公式为：

完工产品生产成本 = 期初在产品成本 + 本期发生的生产费用 - 期末在产品成本

当产品生产完成并验收入库时，借记"库存商品"科目，贷记"生产成本"科目。

【例5-24】丁公司生产A、B两种产品，期末A、B产品计算表如表5-3、表5-4所示，假设期末A产品全部没有完工，B产品月末全部完工，完工产量为5 000件。

表5-3 A产品成本计算表

单位：元

项目	期初在产品	本期发生成本	总成本
直接材料	31 000	36 000	67 000
直接人工	22 000	30 000	52 000
制造费用	50 000	26 000	76 000
合计	103 000	92 000	195 000

表5-4 B产品成本计算表

单位：元

项目	期初在产品	本期发生成本	总成本
直接材料	58 240	42 730	100 970
直接人工	24 300	17 732	42 032
制造费用	13 740	8 892	22 632
合计	96 280	69 354	165 634

由于A产品期末尚未完工，"生产成本——A产品"的期末余额，即为A产品的期末在产品实际成本。

B产品期末全部完工，期末产品成本费用之和就是该产品的成本。

B产品单位产品成本 = 完工产品总成本/产品产量 = 165 634 ÷ 5 000 ≈ 33.13（元/件）

期末，应编制的会计分录为：

借：库存商品——B产品   165 634

贷：生产成本——B产品   165 634

典型例题

【例题1·单选题】5月份，某企业生产车间生产甲产品直接耗用原材料2 000元，生产乙产品直接耗用原材料4 000元，车间管理部门耗用原材料1 000元，正确的会计分录是（   ）。

A. 借：生产成本 7 000
        贷：原材料 7 000
B. 借：制造费用 7 000
        贷：原材料 7 000
C. 借：生产成本 6 000
          制造费用 1 000
        贷：原材料 7 000
D. 借：生产成本 6 000
          管理费用 1 000
        贷：原材料 7 000

【答案】C
【解析】产品直接耗用的材料记入"生产成本"，车间管理部门耗用材料记入"制造费用"。

【例题2·单选题】企业月末计算分配职工工资时，下列表述中，不正确的是（   ）。

A. 产品生产人员工资应记入"生产成本"科目
B. 车间管理人员工资应记入"管理费用"科目
C. 销售人员工资应记入"销售费用"科目
D. 总部行政管理人员工资应记入"管理费用"科目

【答案】B
【解析】车间管理人员工资记入"制造费用"科目。

第六节　销售业务的账务处理

考纲重点分布

六、销售业务的账务处理	1. 商品销售收入的确认与计量	掌握
	2. 账户设置	掌握
	3. 账务处理	掌握

考点精解

一、商品销售收入的确认与计量

考点　商品销售收入的确认与计量

企业销售商品收入的确认，必须同时符合以下条件：

（1）企业已将商品所有权上的主要风险和报酬转移给购货方。

（2）企业既没有保留通常与商品所有权相联系的继续管理权，也没有对已售出的商品实施控制。

（3）收入的金额能够可靠地计量。

（4）相关的经济利益很可能流入企业。

（5）相关的已发生或将发生的成本能够可靠地计量。

二、账户设置

考点　账户设置

企业通常设置以下账户对期间费用业务进行会计核算：

1."主营业务收入"账户

"主营业务收入"账户属于损益类账户，用以核算企业确认的销售商品、提供劳务等主营业务的收入。

该账户贷方登记企业实现的主营业务收入，即主营业务收入的增加额；借方登记期末转入"本年利润"账户的主营业务收入（按净额结转），以及发生销售退回和销售折让时应冲减本期的主营业务收入。期末结转后，该账户无余额。

该账户应按照主营业务的种类设置明细账户，进行明细分类核算。

2."其他业务收入"账户

"其他业务收入"账户属于损益类账户，用以核算企业确认的除主营业务活动以外的其他经营活动实现的收入，包括出租固定资产、出租无形资产、出租包装物和商品、销售材料等。

该账户贷方登记企业实现的其他业务收入，即其他业务收入的增加额；借方登记期末转入"本年利润"账户的其他业务收入。期末结转后，该账户无余额。

该账户可按其他业务的种类设置明细账户，进行明细分类核算。

3."应收账款"账户

"应收账款"账户属于资产类账户，用以核算企业因销售商品、提供劳务等经营活动应收取的款项。

该账户借方登记由于销售商品以及提供劳务等发生的应收账款，包括应收取的价款、税款和代垫款等；贷方登记已经收回的应收账款。期末余额通常在借方，反映企业尚未收回的应收账款；期末余额如果在贷方，反映企业预收的账款。

该账户应按不同的债务人进行明细分类核算。

4."应收票据"账户

"应收票据"账户属于资产类账户，用以核算企业因销售商品、提供劳务等而收到的商业汇票。

该账户借方登记企业收到的应收票据，贷方登记票据到期收回的应收票据；期末余额在借方，反映企业持有的商业汇票的票面金额。

该账户可按开出、承兑商业汇票的单位进行明细核算。

5."预收账款"账户

"预收账款"账户属于负债类账户，用以核算企业按照合同规定预收的款项。预收账款情况不多的，也可以不设置本账户，将预收的款项直接记入"应收账款"账户。

该账户贷方登记企业向购货单位预收的款项等，借方登记销售实现时按实现的收入转销的预收款项等。期末余额在贷方，反映企业预收的款项；期末余额在借方，反映企业已转销但尚未收取的款项。

该账户可按购货单位进行明细核算。

6."主营业务成本"账户

"主营业务成本"账户属于损益类账户，用以核算企业确认销售商品、提供劳务等主营业务收入时应结转的成本。

该账户借方登记主营业务发生的实际成本，贷方登记期末转入"本年利润"账户的主营业务成本。期末结转后，该账户无余额。

该账户可按主营业务的种类设置明细账户，进行明细分类核算。

7."其他业务成本"账户

"其他业务成本"账户属于损益类账户，用以核算企业确认的除主营业务活动以外的其他经营活动所发生的支出，包括销售材料的成本、出租固定资产的折旧额、出租无形资产的摊销额、出租包装物的成本或摊销额等。

该账户借方登记其他业务的支出额，贷方登记期末转入"本年利润"账户的其他业务支出额。期末结转后，该账户无余额。

该账户可按其他业务的种类设置明细账户，进行明细分类核算。

8."营业税金及附加"账户

"营业税金及附加"账户属于损益类账户，用以核算企业经营活动发生的营业税、消费税、城市维护建设税、资源税和教育费附加等相关税费。需注意的是，房产税、车船税、土地使用税、印花税通过"管理费用"账户核算，但与投资性房地产相关的房产税、土地使用税通过该账户核算。

该账户借方登记企业应按规定计算确定的与经营活动相关的税费，贷方登记期末转入"本年利润"账户的与经营活动相关的税费。期末结转后，该账户无余额。

三、账务处理

考点1 主营业务收入的账务处理

企业销售商品或提供劳务实现的收入，应按实际收到、应收或者预收的金额，借记"银行存款"、"应收账款"、"应收票据"、"预收账款"等科目，按确认的营业收入，贷记"主营业务收入"科目。

对于增值税销项税额，一般纳税人应贷记"应交税费——应交增值税（销项税额）"科目；小规模纳税人应贷记"应交税费——应交增值税"科目。

考点 2　主营业务成本的账务处理

期（月）末，企业应根据本期（月）销售各种商品、提供各种劳务等实际成本，计算应结转的主营业务成本，借记"主营业务成本"科目，贷记"库存商品"、"劳务成本"等科目。

采用计划成本或售价核算库存商品的，平时的营业成本按计划成本或售价结转，月末，还应结转本月销售商品应分摊的产品成本差异或商品进销差价。

销售商品基本账务处理：

1. 确认销售商品收入

借：银行存款/应收账款/预收账款等

　　贷：主营业务收入

　　　　应交税费——应交增值税（销项税额）

2. 结转销售商品成本

借：主营业务成本

　　贷：库存商品

【例 5 - 25】 某企业 2014 年 2 月 16 日销售一批商品，增值税专用发票上注明商品售价 100 000 元，增值税税额 17 000 元，款项尚未收到，但符合收入的确认条件，确认为收入。已知该商品的成本为 80 000 元。该企业账务处理如下：

（1）确认销售商品收入：

借：应收账款　　　　　　　　　　　　　　　　　　　　　　117 000

　　贷：主营业务收入　　　　　　　　　　　　　　　　　　　100 000

　　　　应交税费——应交增值税（销项税额）　　　　　　　　 17 000

（2）结转销售商品成本：

借：主营业务成本　　　　　　　　　　　　　　　　　　　　 80 000

　　贷：库存商品　　　　　　　　　　　　　　　　　　　　　 80 000

【例 5 - 26】 乙公司按照合同规定预收一笔货款 25 000 元，存入银行。产品完工后，乙公司按照合同规定发出产品 200 件，发票注明的价款为 30 000 元，增值税销项税额为 5 100元。该产品的成本为每件 100 元。乙公司随后收到补付款项 10 100 元。

（1）收到预收款时：

借：银行存款　　　　　　　　　　　　　　　　　　　　　　 25 000

　　贷：预收账款　　　　　　　　　　　　　　　　　　　　　 25 000

（2）确认商品销售收入时：

借：预收账款　　　　　　　　　　　　　　　　　　　　　　 35 100

　　贷：主营业务收入　　　　　　　　　　　　　　　　　　　 30 000

　　　　应交税费——应交增值税（销项税额）　　　　　　　　　5 100

（3）结转已销商品成本时：

借：主营业务成本　　　　　　　　　　　　　　　　　　　　 20 000

　　贷：库存商品　　　　　　　　　　　　　　　　　　　　　 20 000

（4）收到补付货款时：

借：银行存款　　　　　　　　　　　　　　　　　　　　　　 10 100

　　　　贷：预收账款　　　　　　　　　　　　　　　　　　　　　　　10 100

考点3　其他业务收入与成本的账务处理

　　主营业务和其他业务的划分并不是绝对的，一个企业的主营业务可能是另一个企业的其他业务，即便在同一个企业，不同期间的主营业务和其他业务的内容也不是固定不变的。

　　当企业发生其他业务收入时，借记"银行存款"、"应收账款"、"应收票据"等科目，按确定的收入金额，贷记"其他业务收入"科目，同时确认有关税金；在结转其他业务收入的同一会计期间，企业应根据本期应结转的其他业务成本金额，借记"其他业务成本"科目，贷记"原材料"、"累计折旧"、"应付职工薪酬"等科目。

　　销售材料的基本账务处理：

　　（1）确认销售材料收入：

　　借：银行存款

　　　　贷：其他业务收入

　　　　　　应交税费——应交增值税（销项税额）

　　（2）结转已售材料成本：

　　借：其他业务成本

　　　　贷：原材料

　　【例5-27】甲公司销售一批原材料，开出的增值税专用发票上注明的售价为10 000元，增值税税额为1 700元，款项已由银行收妥。该批原材料的实际成本为9 000元。甲公司会计处理如下：

　　（1）取得原材料销售收入：

　　借：银行存款　　　　　　　　　　　　　　　　　　　　　　　　11 700

　　　　贷：其他业务收入　　　　　　　　　　　　　　　　　　　　10 000

　　　　　　应交税费——应交增值税（销项税额）　　　　　　　　　 1 700

　　（2）结转已销原材料的实际成本：

　　借：其他业务成本　　　　　　　　　　　　　　　　　　　　　　 9 000

　　　　贷：原材料　　　　　　　　　　　　　　　　　　　　　　　 9 000

典型例题

　　【例题1·单选题】商品销售成本的计算是通过（　　）明细分类核算来完成的。

　　A. 主营业务成本　　　　B. 主营业务收入　　　　C. 营业外支出　　　　D. 销售费用

　　【答案】A

　　【解析】主营业务成本用于核算已销产品的生产成本，销售收入实现后结转已销产品生产成本时记借方。故选A。

　　【例题2·多选题】下列各项中，应计入营业收入的有（　　）。

　　A. 商品销售收入　　　　　　　　　B. 原材料销售收入

　　C. 固定资产租金收入　　　　　　　D. 无形资产使用费收入

　　【答案】ABCD

　　【解析】营业收入是指企业在销售商品、提供劳务以及让渡资产使用权等日常活动中所形成的经济利益的总流入。营业收入的分类按日常活动在企业中所处的地位可分为主营业务收入和其他业务收入。主要包括企业在销售商品、提供劳务及让渡资产使用权等日常活动中所产生的主营业务收入和原材料销售、包装物出租所产生的其他业务收入等。

第七节　期间费用的账务处理

考纲重点分布

七、期间费用的账务处理	1. 期间费用的构成	掌握
	2. 账户设置	了解
	3. 账务处理	掌握

考点精解

一、期间费用的构成

考点　期间费用的构成

期间费用是指企业日常活动中<u>不能直接归属于某个特定成本核算对象的，在发生时应直接计入当期损益的各种费用。期间费用包括管理费用、销售费用和财务费用</u>。

<u>管理费用是指企业为组织和管理企业生产经营活动所发生的各种费用。</u>

<u>销售费用是指企业销售商品和材料、提供劳务的过程中发生的各种费用。</u>

<u>财务费用是指企业为筹集生产经营所需资金等而发生的筹资费用。</u>

二、账户设置

考点　账户设置

1. "管理费用"账户

"管理费用"账户属于<u>损益类账户</u>，用以核算企业为组织和管理企业生产经营所发生的管理费用。

该账户借方登记发生的各项管理费用，贷方登记期末转入"本年利润"账户的管理费用额。<u>期末结转后，该账户无余额。</u>

该账户可按费用项目设置明细账户，进行明细分类核算。

2. "销售费用"账户

"销售费用"账户属于<u>损益类账户</u>，用以核算企业发生的各项销售费用。

该账户借方登记发生的各项销售费用，贷方登记期末转入"本年利润"账户的销售费用额。<u>期末结转后，该账户无余额。</u>

该账户可按费用项目设置明细账户，进行明细分类核算。

3. "财务费用"账户

"财务费用"账户属于<u>损益类账户</u>，用以核算<u>企业为筹集生产经营所需资金等而发生的筹资费用，包括利息支出（减利息收入）、汇兑损益以及相关的手续费、企业发生的现金折扣或收到的现金折扣等</u>。为购建或生产满足资本化条件的资产发生的应予资本化的借款费用，通过"在建工程"、"制造费用"等账户核算。

该账户借方登记手续费、利息费用等的增加额，贷方登记应冲减财务费用的利息收入等。期末结转后，该账户无余额。

该账户可按费用项目进行明细核算。

三、账务处理

考点 1　管理费用的账务处理

<u>企业在筹建期间内发生的开办费，包括人员工资、办公费、培训费、差旅费、印刷费、注册登记费以及不计入固定资产成本的借款费用等</u>在实际发生时，借记"管理费用"科目，贷记"应付利息"、"银行存款"等科目。

<u>行政管理部门人员的职工薪酬</u>，借记"管理费用"科目，贷记"应付职工薪酬"科目。

<u>行政管理部门计提的固定资产折旧</u>，借记"管理费用"科目，贷记"累计折旧"科目。

<u>行政管理部门发生的办公费、水电费、业务招待费、聘请中介机构费、咨询费、诉讼费、技术转让费、企业研究费用</u>，借记"管理费用"科目，贷记"银行存款"、"研发支出"等科目。

【例 5－28】某公司 2014 年 3 月筹建期间发生办公费、差旅费等开办费 25 000 元，均用银行存款支付。该公司支付上述开办费时会计分录如下：

借：管理费用　　　　　　　　　　　　　　　　　　　　25 000
　　贷：银行存款　　　　　　　　　　　　　　　　　　　　　25 000

考点 2　销售费用的账务处理

<u>企业在销售商品过程中发生的包装费、保险费、展览费和广告费、运输费、装卸费等费用</u>，借记"销售费用"科目，贷记"库存现金"、"银行存款"等科目。

<u>企业发生的为销售本企业商品而专设的销售机构的职工薪酬、业务费等费用</u>，借记"销售费用"科目，贷记"应付职工薪酬"、"银行存款"、"累计折旧"等科目。

【例 5－29】某公司为宣传新产品发生广告费 60 000 元，用银行存款支付。编制会计分录如下：

借：销售费用　　　　　　　　　　　　　　　　　　　　60 000
　　贷：银行存款　　　　　　　　　　　　　　　　　　　　　60 000

考点 3　财务费用的账务处理

<u>企业发生的财务费用，借记"财务费用"科目，贷记"银行存款"、"应付利息"等科目。发生的应冲减财务费用的利息收入、汇兑损益、现金折扣，借记"银行存款"、"应付账款"等科目，贷记"财务费用"科目。</u>

【例 5－30】某公司 2014 年 3 月 31 日计提当月本公司应负担的短期借款利息 56 000元。该公司应作会计分录如下：

借：财务费用　　　　　　　　　　　　　　　　　　　　56 000

　　　　贷：应付利息　　　　　　　　　　　　　　　　　　　　　　　　56 000

典型例题

【例题1·单选题】计算工资时，企业专设销售机构人员的工资应记入（　　　）。

A.“销售费用”的借方　　　　　　　　B.“销售费用”的贷方

C.“管理费用”的借方　　　　　　　　D.“管理费用”的贷方

【答案】A

【解析】“销售费用”借方登记销售过程中发生的各项费用。专设销售机构人员的工资因销售商品产生的，应借记“销售费用”。

【例题2·多选题】下列属于期间费用的有（　　　）。

A. 制造费用　　　　　　　　　　　　B. 销售费用

C. 管理费用　　　　　　　　　　　　D. 财务费用

【答案】BCD

【解析】制造费用应转入生产成本，不属于期间费用。

第八节　利润形成与分配业务的账务处理

考纲重点分布

八、利润形成与分配业务的账务处理	1. 利润形成的账务处理	掌握
	2. 利润分配的账务处理	掌握

考点精解

一、利润形成的账务处理

考点1　利润的形成

利润是指企业在一定会计期间的经营成果，包括收入减去费用后的净额、直接计入当期损益的利得和损失等。利润由营业利润、利润总额和净利润三个层次构成。

1. 营业利润

营业利润能够比较恰当地反映企业管理者的经营业绩，其计算公式如下：

营业利润＝营业收入－营业成本－营业税金及附加－销售费用－管理费用－财务费用－资产减值损失＋公允价值变动收益（－公允价值变动损失）＋投资收益（－投资损失）

其中：

营业收入＝主营业务收入＋其他业务收入

营业成本＝主营业务成本＋其他业务成本

2. 利润总额

利润总额又称税前利润，是营业利润加上营业外收入减去营业外支出后的金额，其计算公式如下：

利润总额＝营业利润＋营业外收入－营业外支出

3．净利润

净利润又称税后利润，是利润总额扣除所得税费用后的净额，其计算公式如下：

净利润＝利润总额－所得税费用

考点2　账户设置

企业通常设置以下账户对利润形成业务进行会计核算：

1．"本年利润"账户

"本年利润"账户属于所有者权益类账户，用以核算企业当期实现的净利润（或发生的净亏损）。企业期（月）末结转利润时，应将各损益类账户的金额转入本账户，结平各损益类账户。

该账户贷方登记企业期（月）末转入的主营业务收入、其他业务收入、营业外收入和投资收益等；借方登记企业期（月）末转入的主营业务成本、营业税金及附加、其他业务成本、管理费用、财务费用、销售费用、营业外支出、投资损失和所得税费用等。上述结转完成后，余额如在贷方，即为当期实现的净利润；余额如在借方，即为当期发生的净亏损。年度终了，应将本年收入和支出相抵后结出的本年实现的净利润（或发生的净亏损），转入"利润分配——未分配利润"账户贷方（或借方），结转后本账户无余额。

2．"投资收益"账户

"投资收益"账户属于损益类账户，用以核算企业确认的投资收益或投资损失。

该账户贷方登记实现的投资收益和期末转入"本年利润"账户的投资净损失；借方登记发生的投资损失和期末转入"本年利润"账户的投资净收益。期末结转后，该账户无余额。

该账户可按投资项目设置明细账户，进行明细分类核算。

3．"营业外收入"账户

"营业外收入"账户属于损益类账户，用以核算企业发生的各项营业外收入，主要包括非流动资产处置利得、非货币性资产交换利得、债务重组利得、政府补助、盘盈利得、捐赠利得等。

该账户贷方登记营业外收入的实现，即营业外收入的增加额；借方登记会计期末转入"本年利润"账户的营业外收入额。期末结转后，该账户无余额。

该账户可按营业外收入项目设置明细账户，进行明细分类核算。

4．"营业外支出"账户

"营业外支出"账户属于损益类账户，用以核算企业发生的各项营业外支出，包括非流动资产处置损失、非货币性资产交换损失、债务重组损失、公益性捐赠支出、非常损失、盘亏损失等。

该账户借方登记营业外支出的发生，即营业外支出的增加额；贷方登记期末转入"本年利润"账户的营业外支出额。期末结转后，该账户无余额。

该账户可按支出项目设置明细账户，进行明细分类核算。

5．"所得税费用"账户

"所得税费用"账户属于损益类账户，用以核算企业确认的应从当期利润总额中扣除的所得税费用。

该账户借方登记企业应计入当期损益的所得税；贷方登记企业期末转入"本年利润"账户的所得税。<u>期末结转后，该账户无余额。</u>

考点3　账务处理

会计期末（月末或年末）结转各项收入时，借记"主营业务收入"、"其他业务收入"、"营业外收入"等科目，贷记"本年利润"科目；结转各项支出时，借记"本年利润"科目，贷记"主营业务成本"、"营业税金及附加"、"其他业务成本"、"管理费用"、"财务费用"、"销售费用"、"资产减值损失"、"营业外支出"、"所得税费用"等科目。

利润形成，如图5-1所示。

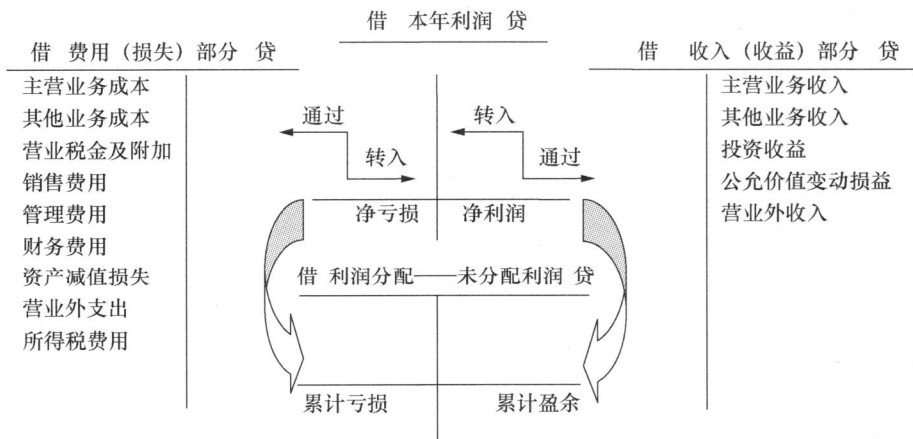

图5-1　利润形成图

【例5-31】某企业2014年损益类账户的结账前余额如下（该企业年末一次结转损益类账户）：

账户名称	结账前余额
主营业务收入	5 500 000元（贷）
主营业务成本	3 500 000元（借）
营业税金及附加	70 000元（借）
销售费用	460 000元（借）
管理费用	830 000元（借）
财务费用	180 000元（借）
其他业务收入	600 000元（贷）
其他业务成本	390 000元（借）
投资收益	800 000元（贷）
营业外收入	40 000元（贷）
营业外支出	470 000元（借）
所得税费用	330 000元（借）

将各损益类账户结账前余额结转入"本年利润"账户，编制会计分录如下：

（1）结转各项收入、利得类科目：

借：主营业务收入 5 500 000

其他业务收入 600 000

投资收益 800 000

营业外收入 40 000

贷：本年利润 6 940 000

（2）结转各项费用、损失类科目：

借：本年利润 6 230 000

贷：主营业务成本 3 500 000

营业税金及附加 70 000

其他业务成本 390 000

销售费用 460 000

管理费用 830 000

财务费用 180 000

营业外支出 470 000

所得税费用 330 000

本例中，经上述结转后，"本年利润"账户的贷方发生额合计 6 940 000 元，减去借方发生额合计 6 230 000 元，即为税后净利润 710 000 元。

二、利润分配的账务处理

利润分配是指企业根据国家有关规定和企业章程、投资者协议等，对企业当年可供分配利润指定其特定用途和分配给投资者的行为。利润分配的过程和结果不仅关系到每个股东的合法权益是否得到保障，而且还关系到企业的未来发展。

考点 1 利润分配的顺序

企业向投资者分配利润，应按一定的顺序进行。按照我国《公司法》的有关规定，利润分配应按下列顺序进行：

1. 计算可供分配的利润

企业在利润分配前，应根据本年净利润（或亏损）与年初未分配利润（或亏损）、其他转入的金额（如盈余公积弥补的亏损）等项目，计算可供分配的利润，即：

可供分配的利润 = 净利润（或亏损）+ 年初未分配利润 − 弥补以前年度的亏损 + 其他转入的金额

如果可供分配的利润为负数（即累计亏损），则不能进行后续分配；如果可供分配的利润为正数（即累计盈利），则可进行后续分配。

2. 提取法定盈余公积

按照《公司法》的有关规定，公司应当按照当年净利润（抵减年初累计亏损后）的 10% 提取法定盈余公积，提取的法定盈余公积累计额超过注册资本 50% 以上的，可以不再提取。

3. 提取任意盈余公积

公司提取法定盈余公积后，经股东会或者股东大会决议，还可以从净利润中提取任意盈余公积。

4. 向投资者分配利润（或股利）

企业可供分配的利润扣除提取的盈余公积后，形成可供投资者分配的利润，即：

可供投资者分配的利润 = 可供分配的利润 - 提取的盈余公积

企业可采用现金股利、股票股利和财产股利等形式向投资者分配利润（或股利）。

考点2 账户设置

企业通常设置以下账户对利润分配业务进行会计核算：

1. "利润分配"账户

"利润分配"账户属于所有者权益类账户，用以核算企业利润的分配（或亏损的弥补）和历年分配（或弥补）后的余额。

该账户借方登记实际分配的利润额，包括提取的盈余公积和分配给投资者的利润，以及年末从"本年利润"账户转入的全年发生的净亏损；贷方登记用盈余公积弥补的亏损额等其他转入数，以及年末从"本年利润"账户转入的全年实现的净利润。年末，应将"利润分配"账户下的其他明细账户的余额转入"未分配利润"明细账户，结转后，除"未分配利润"明细账户可能有余额外，其他各个明细账户均无余额。"未分配利润"明细账户的贷方余额为历年累积的未分配利润（即可供以后年度分配的利润），借方余额为历年累积的未弥补亏损（即留待以后年度弥补的亏损）。

该账户应当分别对"提取法定盈余公积"、"提取任意盈余公积"、"应付现金股利或利润"、"转作股本的股利"、"盈余公积补亏"和"未分配利润"等进行明细核算。

2. "盈余公积"账户

"盈余公积"账户属于所有者权益类账户，用以核算企业从净利润中提取的盈余公积。

该账户贷方登记提取的盈余公积，即盈余公积的增加额，借方登记实际使用的盈余公积，即盈余公积的减少额。期末余额在贷方，反映企业结余的盈余公积。

该账户应当分别对"法定盈余公积"、"任意盈余公积"进行明细核算。

3. "应付股利"账户

"应付股利"账户属于负债类账户，用以核算企业分配的现金股利或利润。

该账户贷方登记应付给投资者股利或利润的增加额；借方登记实际支付给投资者的股利或利润，即应付股利的减少额。期末余额在贷方，反映企业应付未付的现金股利或利润。

该账户可按投资者进行明细核算。

考点3 账务处理

1. 净利润转入利润分配

会计期末，企业应将当年实现的净利润转入"利润分配——未分配利润"科目，即借记"本年利润"科目，贷记"利润分配——未分配利润"科目，如为净亏损，则做相反会计分录。

结转前，如果"利润分配——未分配利润"明细科目的余额在借方，上述结转当年所实现净利润的分录同时反映了当年实现的净利润自动弥补以前年度亏损的情况。因此，在用当年实现的净利润弥补以前年度亏损时，不需另行编制会计分录。

【例5-32】承接【例5-31】，将"本年利润"账户余额转入"利润分配——未分配利润"账户。

借：本年利润   710 000
　　贷：利润分配——未分配利润   710 000

2. 提取盈余公积

企业提取的法定盈余公积，借记"利润分配——提取法定盈余公积"科目，贷记"盈余公积——法定盈余公积"科目；提取的任意盈余公积，借记"利润分配——提取任意盈余公积"科目，贷记"盈余公积——任意盈余公积"科目。

3. 向投资者分配利润或股利

企业根据股东大会或类似机构审议批准的利润分配方案，按应支付的现金股利或利润，借记"利润分配——应付现金股利"科目，贷记"应付股利"等科目；以股票股利转作股本的金额，借记"利润分配——转作股本股利"科目，贷记"股本"等科目。

董事会或类似机构通过的利润分配方案中拟分配的现金股利或利润，不做账务处理，但应在附注中披露。

4. 盈余公积补亏

企业发生的亏损，除用当年实现的净利润弥补外，还可使用累积的盈余公积弥补。以盈余公积弥补亏损时，借记"盈余公积"科目，贷记"利润分配——盈余公积补亏"科目。

【例5-33】经股东大会批准，E股份有限公司用以前年度提取的盈余公积弥补当年亏损，当年弥补亏损的数额为3 000 000元。假定不考虑其他因素，E股份有限公司的会计处理如下：

借：盈余公积   3 000 000
　　贷：利润分配——盈余公积补亏   3 000 000

5. 企业未分配利润的形成

年度终了，企业应将"利润分配"科目所属其他明细科目的余额转入该科目"未分配利润"明细科目，即借记"利润分配——未分配利润"、"利润分配——盈余公积补亏"等科目，贷记"利润分配——提取法定盈余公积"、"利润分配——提取任意盈余公积"、"利润分配——应付现金股利"、"利润分配——转作股本股利"等科目。

结转后，"利润分配"科目中除"未分配利润"明细科目外，所属其他明细科目无余额。"未分配利润"明细科目的贷方余额表示累积未分配的利润，该科目如果出现借方余额，则表示累积未弥补的亏损。

基本账务处理：

（1）结转净利润时：

借：本年利润
　　贷：利润分配——未分配利润

（2）提取盈余公积时：

借：利润分配——提取法定盈余公积
　　　　　　——提取任意盈余公积
　　贷：盈余公积——法定盈余公积

　　　　　　　　　——任意盈余公积

（3）分配利润时：

借：利润分配——应付现金股利

　　贷：应付股利

（4）期末结转：

借：利润分配——未分配利润

　　贷：利润分配——提取法定盈余公积

　　　　　　　　　——提取任意盈余公积

　　　　　　　　　——应付现金股利/利润

特殊情况：盈余公积补亏

借：利润分配——盈余公积补亏

　　贷：利润分配——未分配利润

【例5－34】某企业2013年初未分配利润余额为0，2013年实现净利润600 000元，以净利润的10%提取法定盈余公积，以8%计提任意盈余公积，向投资者宣告分配利润300 000元，请编制相关分录，并且求出年末未分配利润。相关会计分录如下：

（1）结转净利润：

借：本年利润　　　　　　　　　　　　　　　　　　　　　　600 000

　　贷：利润分配——未分配利润　　　　　　　　　　　　　　　　　600 000

（2）提取盈余公积：

借：利润分配——提取法定盈余公积　　　　　　　　　　　　60 000

　　　　　　　——提取任意盈余公积　　　　　　　　　　　　48 000

　　贷：盈余公积——法定盈余公积　　　　　　　　　　　　　　　　60 000

　　　　　　　　——任意盈余公积　　　　　　　　　　　　　　　　48 000

（3）宣告分配利润：

借：利润分配——应付现金股利　　　　　　　　　　　　　　300 000

　　贷：应付股利　　　　　　　　　　　　　　　　　　　　　　　　300 000

（4）结转"利润分配"明细科目：

借：利润分配——未分配利润　　　　　　　　　　　　　　　408 000

　　贷：利润分配——提取法定盈余公积　　　　　　　　　　　　　　60 000

　　　　　　　　——提取任意盈余公积　　　　　　　　　　　　　　48 000

　　　　　　　　——应付现金股利或利润　　　　　　　　　　　　　300 000

（5）年末未分配利润 = 600 000 - 60 000 - 48 000 - 300 000 = 192 000（元）

典型例题

【例题1·单选题】下列会计事项会引起所有者权益总额发生变化的是（　　　　）。

A. 从净利润中提取盈余公积　　　　　　　B. 用盈余公积补亏

C. 用盈余公积转增资本　　　　　　　　　D. 向投资者分配现金股利

【答案】D

【解析】向投资者分配现金股利会减少所有者权益总额。从净利润中提取盈余公积、用盈余公积补亏和用盈余公积转增资本都只是所有者权益内部的增减变化，总额不会发生变化。

【例题2·单选题】 某企业以银行存款支付合同违约金4 500元，应借记（　　）科目。

A. 管理费用　　　　　　　　　B. 销售费用

C. 其他业务成本　　　　　　　D. 营业外支出

【答案】 D

【解析】 违约金、罚款应计入营业外支出。

【例题3·多选题】 下列各项中，影响企业营业利润金额增减变动的有（　　）。

A. 管理费用　　　　　　　　　B. 财务费用

C. 投资收益　　　　　　　　　D. 营业外收入

【答案】 ABC

【解析】 根据公式："营业利润＝营业收入－营业成本－营业税金及附加－销售费用－管理费用－财务费用－资产减值损失＋公允价值变动收益＋投资收益"，可见财务费用和管理费用和投资收益会影响营业利润的计算。"营业外收入"影响利润总额的计算。

第六章 会计凭证

章节简介

本章主要介绍了会计凭证的概念、种类、格式、填制与审核及其传递与保管。本章学习的重点是在理解会计凭证含义的基础上，熟练掌握原始凭证和记账凭证的填制方法及审核内容。

第一节 会计凭证概述

考纲重点分布

一、会计凭证概述	1. 会计凭证的概念与作用	理解
	2. 会计凭证的种类	掌握

考点精解

一、会计凭证的概念与作用

考点 1 会计凭证概念

会计凭证是指记录经济业务发生或者完成情况的书面证明，是登记账簿的依据。

考点 2 会计凭证的作用

填制和审核会计凭证是会计核算的基本方法之一，也是会计核算工作的起点，对于保证会计资料的真实性和完整性，有效进行会计监督，明确经济责任等都具有重要意义。会计凭证具有如下重要的作用：

1. 记录经济业务，提供记账依据

由于会计凭证记录和反映了经济业务活动的发生和完成情况等具体内容，所以通过对会计凭证的严格审核，就可以检查每笔经济业务是否合理、合规和合法。

2. 明确经济责任，强化内部控制

每一笔经济业务都要填制和取得会计凭证并且由经办人员在凭证上签名盖章，这有利于分清责任，防止舞弊行为，强化内部控制。

3. 监督经济活动，控制经济运行

通过会计凭证的审核，可以查明每一项经济业务是否符合国家有关法律、法规和制度的规定，是否符合计划和预算进度，是否有违法乱纪和铺张浪费行为等。对于查出的问题，应当积极采取措施予以纠正，实现对经济活动的控制，保证经济活动正常运行。

二、会计凭证的种类

会计凭证按照填制程序和用途不同可分为原始凭证和记账凭证。

考点1　原始凭证

原始凭证又称单据，是指在经济业务发生或完成时取得或填制的，用以记录或证明经济业务的发生或完成情况的原始凭据。

考点2　记账凭证

记账凭证又称记账凭单，是指会计人员根据审核无误的原始凭证，按照经济业务的内容加以归类，并据以确定会计分录后所填制的会计凭证，是作为登记账簿的直接依据。

典型例题

【例题1·单选题】下列各项中，（　　）是经济业务发生或完成时取得或填制的，用以记录或证明经济业务的发生或完成情况的书面证明。

A. 原始凭证　　　　　　　　　B. 记账凭证
C. 收款凭证　　　　　　　　　D. 付款凭证

【答案】A

【解析】原始凭证又称单据，是指在经济业务发生或完成时取得或填制的，用以记录或证明经济业务的发生或完成情况的原始凭据。

【例题2·单选题】记账凭证的填制是由（　　）进行的。

A. 出纳人员　　　　　　　　　B. 会计人员
C. 经办人员　　　　　　　　　D. 主管人员

【答案】B

【解析】记账凭证是由会计人员根据审核无误的原始凭证填制。

第二节　原始凭证

考纲重点分布

二、原始凭证	1. 原始凭证的种类	掌握
	2. 原始凭证的基本内容	了解
	3. 原始凭证的填制要求	掌握
	4. 原始凭证的审核	掌握

考点精解

一、原始凭证的种类

原始凭证可以按照取得来源、格式、填制的手续和内容进行分类。

考点1　按取得的来源分类

原始凭证按照取得的来源可分为自制原始凭证和外来原始凭证。

1. 自制原始凭证

自制原始凭证是指由本单位有关部门和人员，在执行或完成某项经济业务时填制的，仅供本单位内部使用的原始凭证。

自制原始凭证在企业中占很大比重，常见的自制原始凭证包括收料单、领料单、限额领料单、产品入库单、产品出库单、借款单、工资发放明细表等。自制原始凭证的种类和格式也是多种多样的。单位内部使用的收料单格式如表6－1所示。

表6－1　收料单

材料类别	材料编号	材料名称及规格	计量单位	数量		金额（元）			
				应收	实收	单价	买价	运杂费	合计
备注：						合计			

仓库保管员：（签章）　　　　收料人：（签章）

2. 外来原始凭证

外来原始凭证是指经济业务发生或完成时，从其他单位或个人直接取得的原始凭证。如供货单位开具的发票、银行存款的收付款结算凭证、对外单位支付款项时取得的收据、职工出差取得的飞机票、火车票等。外来原始凭证的种类很多，其结构和格式也各式各样。增值税专用发票的格式如图6－1所示。

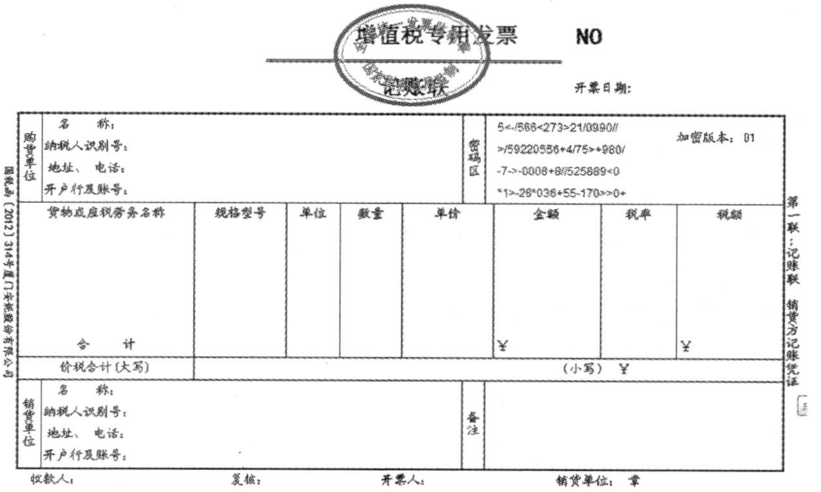
增值税专用发票　NO
记账联
开票日期：
购货单位　名　称：　纳税人识别号：　地址、电话：　开户行及账号：
密码区　5<-/566<273>21/0990//　>/59220556+4/75>+980/　-7->-0008+8//525889<0　*1>-26*036+55-170>>0+
加密版本：01
货物或应税劳务名称　规格型号　单位　数量　单价　金额　税率　税额
合　计　¥　¥
价税合计（大写）　（小写）¥
销货单位　名　称：　纳税人识别号：　地址、电话：　开户行及账号：
备注
收款人：　复核：　开票人：　销货单位：章
国税函〔2012〕314号厦门安妮股份有限公司
第一联：记账联　销货方记账凭证

图6－1　增值税专用发票

考点 2　按凭格式分类

1. 通用凭证

通用凭证是指有关部门统一印刷、在一定范围内使用的具有统一格式和使用方法的原始凭证。常见的通用凭证有全国通用的增值税专用发票、银行转账结算凭证等。通用凭证的使用范围可以是某一地区、某一行业，也可以是全国通用。如全国统一的异地结算银行凭证、部门统一规定的发票、地区统一的汽车票等。

2. 专用凭证

专用凭证是指由单位自行印刷，仅在本单位内部使用的原始凭证。如领料单、差旅费报销单、折旧计算表、工资费用分配表等。

考点 3　按填制的手续和内容分类

1. 一次凭证

一次凭证是指一次填制完成，只记录一笔经济业务且仅一次有效的原始凭证。如各种外来原始凭证、自制原始凭证中的收料单、领料单、工资结算单等，都是一次凭证。领料单格式如表 6-2 所示：

表 6-2　领料单

领料部门：　　　　　　　　　　　　　　　　　　　　　领料编号：第　　号
领料用途：　　　　　　　　　年　月　日　　　　　　　发料仓库：第　仓库

材料编号	材料名称及规格	计量单位	数量		单价	金额
			请领	实领		
备注			合计			

仓库保管员：　　　　　　　　　　　发料：　　　　　　　　　　领料主管：

2. 累计凭证

累计凭证是指在一定时期内多次记录发生的同类型经济业务且多次有效的原始凭证，如限额领料单。

累计凭证的特点是在一张凭证内可以连续登记相同性质的经济业务，随时结出累计数及结余数，并按照费用限额进行费用控制，期末按实际发生额记账。使用累计凭证，可以简化核算手续，减少凭证数量，能对材料消耗、成本管理起事先控制作用，是企业进行计划管理的手段之一。限额领料单的格式如表 6-3 所示。

表 6－3　限额领料单
年　月　日

领料部门：　　　　　　　　　　　发料仓库：

产品名称：　　　　　　　　　　　计划产量：　　　　　　　　　单耗定额：

材料编号：　　　　　　　　　　　名称规格：

计量单位：　　　　　　　　　　　领用限额：

日期	请领数量	实发数量	累计实发数量	限额结余	领料人签章	备注
合计						

生产计划部门：　　　　　　　　　　供销部门：　　　　　　　　　　仓库：

3. 汇总凭证

汇总凭证是指对一定时期内反映经济业务内容相同的若干张原始凭证，按照一定标准综合填制的原始凭证。

汇总原始凭证合并了同类型经济业务，可以简化核算手续，提高核算工作效率，减少记账工作量。常见的汇总原始凭证有收料凭证汇总表、发料凭证汇总表、工资分配汇总表等。发料凭证汇总表的格式如表 6－4 所示。

表 6－4　发料凭证汇总表
年　月　日

会计科目	领料部门	领用材料			
		原材料	包装物	低值易耗品	合计
生产成本	一车间 二车间				
	小计				
	供电车间 供水车间				
	小计				

会计主管：　　　　　　　　　　审核：　　　　　　　　　　制表：

【提示】原始凭证记载着大量的经济信息，又是证明经济业务发生的初始文件，与记账凭证相比较，具有较强的法律效力。企业签订的经济合同、材料请购单、生产通知单等文件，它们不能证明经济业务的发生和完成，因此不能算作原始凭证，也不能作为会计核算的依据。此外，未经对方单位签章，不具备法律效力的凭证，或不具备凭证基本内容的白条，也同样不能算作原始凭证。

二、原始凭证的基本内容

考点　原始凭证的基本内容

原始凭证的格式和内容因经济业务和经营管理的不同而有所差异，但应当具备以下基本内容（也称为原始凭证要素）：①凭证的名称；②填制凭证的日期；③填制凭证单位名称或者填制人姓名；④经办人员的签名或者盖章；⑤接受凭证单位名称；⑥经济业务内容；⑦数量、单价和金额。

三、原始凭证的填制要求

考点1 原始凭证填制的基本要求

1. 记录要真实

原始凭证中应填写的项目和内容必须真实、正确地反映经济业务的原貌。无论日期、内容、数量和金额都必须如实填写，不能以估算和匡算的数字填列，更不能弄虚作假，改变事实的真相。

2. 内容要完整

原始凭证所要求填列的项目必须逐项填列齐全，不得遗漏或省略。在填写过程中要注意：

（1）年、月、日要按照填制原始凭证的实际日期填写。

（2）名称要齐全，不能简化。

（3）品名或用途要填写明确，不能含糊不清。

（4）有关人员的签章必须齐全。

3. 手续要完备

原始凭证在填制完成后，经办人员和有关责任人员都要认真审核并签章，以此对凭证的真实性、合法性负责。对于一些重大的经济业务，还应经过本单位负责人签章，以示批准的职权。单位自制的原始凭证必须有经办单位相关负责人的签名盖章；从外取得的原始凭证，除某些特殊的外来原始凭证如火车票、汽车票外，必须盖有填制单位的公章；从个人取得原始凭证，必须有填制人员的签名盖章。总之，取得原始凭证的手续必须完备，以明确经济责任，确保凭证的合法性和真实性。

4. 书写要清楚、规范

原始凭证要按规定填写，文字要简要，字迹要清楚，易于辨认，不得使用未经国务院公布的简化汉字。大小写金额必须相符且填写规范，小写金额用阿拉伯数字逐个书写，不得写连笔字。阿拉伯金额数字前面应写人民币符号"￥"，人民币符号"￥"与阿拉伯金额数字之间不得留有空白。金额数字一律填写到角分，无角无分的，角位和分位可写"00"或符号"—"；有角无分的，分位应写"0"，不得用符号"—"代替。汉字大写金额数字，一律用正楷字或行书字书写，如零、壹、贰、叁、肆、伍、陆、柒、捌、玖、拾、佰、仟、万，不得用0、一、二（两）、三、四、五、六、七、八、九、十等字样代替，不得任意自造简化字。大写金额前未印有"人民币"字样的，应加写"人民币"三个字且和大写金额之间不得留有空白。大写金额到元或角为止的，后面要写"整"或"正"字；有分的，不写"整"或"正"字，如小写金额为￥1007.00，大写金额应写成"人民币壹仟零柒元整"。

5. 编号要连续

各种凭证要连续编号，以便检查。如果凭证已预先印定编号，如发票、支票等重要凭证，在因错作废时，应加盖"作废"戳记，妥善保管，不得撕毁。

6. 不得涂改、刮擦、挖补

原始凭证金额有错误的，<u>应当由出具单位重开，不得在原始凭证上更正</u>。原始凭证有<u>其他错误的，应当由出具单位重开或更正，更正处应当加盖出具单位印章</u>。

7. 填制要及时

原始凭证<u>应在经济业务发生或完成后及时填制</u>，并按规定的程序和手续传递至有关业务部门和会计部门，以便及时办理后续业务，并进行审核和记账。

8. 附加要求

（1）购买实物的原始凭证，<u>必须有验收证明</u>。

（2）支付款项的原始凭证，<u>必须有收款单位和收款人的收款证明</u>，不能仅以支付款项的有关凭证等代替。

（3）发生销货退回的，除填制退货发票外，还必须有<u>退货验收证明</u>；退款时，必须取得对方的收款收据或者汇款银行的凭证，不得以退货发票代替收据。

（4）职工公出借款凭据，必须附在记账凭证之后。收回借款时，<u>应当另开收据或退还借款副本，不得退还原借款收据</u>。

（5）上级有关部门批准的经济业务，应当将批准文件作为原始凭证附件。如果批准文件需要单独归档的，应当在凭证上注明文件的批准机关名称、日期和文号，以便确认经济业务的审批情况和查阅。

考点2　自制原始凭证的填制要求

不同的自制原始凭证，填制要求也有所不同。

1. 一次凭证的填制

一次凭证应在经济业务发生或完成时，由相关业务人员<u>一次填制完成</u>。<u>该凭证往往只能反映一项经济业务，或者同时反映若干项同一性质的经济业务</u>。下面以"收料单"的填制为例，介绍一次凭证的填制方法：

"收料单"是企业购进材料验收入库时，由仓库保管人员根据购入材料的实际验收情况填制的一次凭证。企业外购材料，应履行入库手续，由仓库保管人员根据供应单位开来的发票账单，严格审核，对运达入库的材料认真计量，并按实收数量认真填制"收料单"。<u>收料单一式三联，一联留仓库</u>，据以登记材料物资明细账和材料卡片；<u>一联随发票账单到会计处报账</u>；<u>一联交采购人员存查</u>。

2. 累计凭证的填制

<u>累计凭证应在每次经济业务完成后，由相关人员在同一张凭证上重复填制完成。该凭证能在一定时期内不断重复地反映同类经济业务的完成情况</u>。最典型的累计凭证是<u>限额领料单</u>。下面以"限额领料单"为例说明累计原始凭证的填制方法：

"限额领料单"由生产、计划部门根据下达的生产任务和材料消耗定额按每种材料用途分别开出，<u>一料一单</u>，<u>一般一式两联</u>。<u>一联交仓库据以发料，一联交领料部门据以领料</u>。领料单位领料时，在该单位内注明请领数量，经负责人签章批准后，持往仓库领料。仓库发料时，根据材料的品名、规格在限额内发料，同时将实收数量及限额余额填写在"限额领料单"内，领发料双方在单内签章，月末在此单内结出实发数量和金额转交会计部门，据以计算材料费用，并做材料减少的核算。<u>使用"限额领料单"领料，全月不能超过生产计划部门下达的全月领用限额量</u>。

3. 汇总凭证的填制

汇总凭证应由相关人员在汇总一定时期内反映同类经济业务的原始凭证后填制完成。该凭证只能将类型相同的经济业务进行汇总，不能汇总两类或两类以上的经济业务。

考点3　外来原始凭证的填制要求

外来原始凭证是企业同外单位发生经济业务时，由外单位的经办人员填制的。一般由税务局等部门统一印制，或经税务部门批准由单位印刷，在填制时加盖出具凭证单位公章方为有效，对于一式多联的原始凭证必须用复写纸套写。

四、原始凭证的审核

考点　原始凭证的审核

为了如实反映经济业务的发生和完成情况，充分发挥会计的监督职能，保证会计信息的真实、合法、完整和准确，会计人员必须对原始凭证进行严格审核。

1. 真实性审核

原始凭证作为会计信息的基本信息源，其真实性对会计信息的质量具有重要影响，其真实性的审核包括凭证日期是否真实、业务内容是否真实、数据是否真实等。

【提示】

（1）外来原始凭证，必须有填制单位公章和填制人员签章。

（2）对自制原始凭证，必须有经办部门和经办人员的签名或盖章。

（3）对通用原始凭证，审核其凭证本身的真实性，以防作假。

2. 合法性审核

审核原始凭证所记录经济业务是否违反国家法律法规，是否履行了规定的凭证传递和审核程序，是否有贪污腐化等行为。

3. 合理性审核

审核原始凭证所记录经济业务是否符合企业经济活动的需要、是否符合有关的计划和预算等。

4. 完整性审核

审核原始凭证基本要素是否齐全，是否有漏项情况，日期是否完整，数字是否清晰，文字是否工整，有关人员签章是否齐全，凭证联次是否正确等。

5. 正确性审核

审核原始凭证记载的各项内容是否正确，具体包括：

（1）接受原始凭证的单位名称是否正确。

（2）金额的填写和计算是否正确。

（3）原始凭证错误的更正是否正确。

6. 及时性审核

原始凭证的及时性是保证会计信息及时性的基础。原始凭证应在经济业务发生或完成时及时填制并及时传递。审核时应注意审查凭证的填制日期，尤其是支票、银行汇票、银行本票等时效性较强的原始凭证，更应仔细验证其签发日期。

原始凭证的审核是一项十分重要的工作，经审核的原始凭证应根据不同情况处理：

（1）对于完全符合要求的原始凭证，应及时编制记账凭证。

（2）对真实、合法、合理但内容不够完整、填写有错误的原始凭证，应退回给有关经办人员，由其负责将有关凭证补充完整，更正错误或重开，再办理正式会计手续。

（3）对于不真实、不合法的原始凭证，会计机构和会计人员有权不予接受，并向单位负责人报告。

典型例题

【例题 1·单选题】 发现金额有错误的原始凭证，正确的做法是（　　）。

A. 由出具单位在原始凭证上更正

B. 由出具单位在原始凭证上更正，并加盖出具单位印章

C. 由出具单位重开

D. 本单位代替出具单位进行更正

【答案】 C

【解析】 发现金额有错误的原始凭证，应由出具单位重开。

【例题 2·单选题】 下列不属于原始凭证审核内容的是（　　）。

A. 凭证是否有单位的公章和填制人员签章　　B. 凭证是否符合规定的审核程序

C. 凭证是否符合有关计划和预算　　D. 会计科目使用是否正确

【答案】 D

【解析】 选项 D 属于记账凭证的审核内容。

【例题 3·多选题】 在原始凭证上书写阿拉伯数字，正确的有（　　）。

A. 所有以元为单位的，一律填写到角分

B. 无角分的，角位和分位可写"00"，或者符号"—"

C. 有角无分的，分位应当写"0"

D. 有角无分的，分位也可以用符号"—"代替

【答案】 ABC

【解析】 选项 D，有角无分的，分位不可以用符号"—"代替。

第三节　记账凭证

考纲重点分布

三、记账凭证	1. 记账凭证的种类	掌握
	2. 记账凭证的基本内容	了解
	3. 记账凭证的填制要求	掌握
	4. 记账凭证的审核	掌握

考点精解

一、记账凭证的种类

记账凭证可按不同的标准进行分类，<u>按照用途可分为专用记账凭证和通用记账凭证</u>；<u>按照填列方式可分为单式记账凭证和复式记账凭证</u>。记账凭证的格式如表 6-5 所示。

表 6-5　记账凭证

年　月　日　　　　　　　　　　　　　　字第　　号

摘要	会计科目		记账	借方金额	贷方金额	
	一级科目	二级或明细科目				附件
						张
合计						

会计主管：　　　　记账：　　　　审核：　　　　制单：

考点 1　按凭证的用途分类

1. 专用记账凭证

专用记账凭证是指分类反映经济业务的记账凭证，按其反映的经济业务内容，可分为收款凭证、付款凭证和转账凭证。

（1）收款凭证。指用于记录库存现金和银行存款收款业务的记账凭证。收款凭证根据有关库存现金和银行存款收入业务的原始凭证填制，<u>可分为库存现金收款凭证和银行存款收款凭证两种</u>，它是登记库存现金日记账、银行存款日记账以及有关明细账和总账等账簿的依据，也是出纳人员收讫款项的依据。收款凭证的格式如表 6-6 所示。

表 6-6　收款凭证

借方科目：　　　　　年　月　日　　　　　　　字第　　号

摘要	贷方科目		记账符号	金额	
	一级科目	二级或明细科目			附件
					件
					张
合计					

会计主管：　　　记账：　　　出纳：　　　审核：　　　制单：

（2）付款凭证。指用于记录库存现金和银行存款付款业务的记账凭证。付款凭证根据有关库存现金和银行存款支付业务的原始凭证填制，<u>可分为库存现金付款凭证和银行存款付款凭证两种</u>，它是登记库存现金日记账、银行存款日记账以及有关明细账和总账等账簿的依据，也是出纳人员支付款项的依据。付款凭证的格式如表6-7所示。

表6-7 付款凭证

贷方科目：　　　　　　　　　　　　年　月　日　　　　　　　　　　付字第　号

摘要	借方科目		记账符号	金额	
	一级科目	二级或明细科目			附件
					张
合计					

会计主管：　　　记账：　　　出纳：　　　审核：　　　制单：

（3）转账凭证。指用于记录不涉及库存现金和银行存款业务的记账凭证。转账凭证根据有关转账业务的原始凭证填制，是登记有关明细账和总账等账簿的依据。转账凭证的格式如表6-8所示。

表6-8 转账凭证

年　月　日　　　　　　　　　　转字第　号

摘要	会计科目		记账符号	借方金额	贷方金额	
	一级科目	二级或明细科目				附件
						张
合计						

会计主管：　　　记账：　　　审核：　　　制单：

2. 通用记账凭证

通用记账凭证是指用来反映所有经济业务的记账凭证，为各类经济业务所共同使用，其格式与转账凭证基本相同。

考点2 按凭证的填列方式分类

1. 单式记账凭证

单式记账凭证是指只填列经济业务所涉及的一个会计科目及其金额的记账凭证。填列借方科目的称为借项凭证，填列贷方科目的称为贷项凭证。

2. 复式记账凭证

复式记账凭证是将每一笔经济业务所涉及的全部科目及其发生额均在同一张记账凭证中反映的一种凭证。它是实际工作中应用最普通的记账凭证。上面提到的收款凭证、付款凭证、转账凭证和通用记账凭证均为复式记账凭证。复式记账凭证全面反映了经济业务的账户对应关系，有利于检查会计分录的正确性，但不便于会计岗位上的分工记账。

二、记账凭证的基本内容

考点　记账凭证的基本内容

记账凭证是登记账簿的依据，因其所反映经济业务的内容不同、各单位规模大小及其对会计核算繁简程度的要求不同，其内容有所差异，但记账凭证应当具备以下基本内容：①填制凭证的日期；②凭证编号；③经济业务摘要；④会计科目；⑤金额；⑥所附原始凭证张数；⑦填制凭证人员、稽核人员、记账人员、会计机构负责人、会计主管人员签名或者盖章。收款和付款记账凭证还应当由出纳人员签名或者盖章。

以自制的原始凭证或者原始凭证汇总表代替记账凭证的，也必须具备记账凭证应有的项目。

三、记账凭证的填制要求

编制记账凭证，是会计核算的一个重要环节，是对原始凭证的整理和归类，并按复式记账的要求，运用会计科目，确定会计分录，作为登记账簿的依据。这不仅便于原始凭证的保管和查阅，也能保证记账工作的质量，简化了记账工作。

记账凭证根据审核无误的原始凭证或原始凭证汇总表填制。记账凭证填制正确与否，直接影响整个会计系统最终提供信息的质量。与原始凭证的填制相同，记账凭证也有记账真实、内容完整、手续齐全、填制及时等要求。

考点1　记账凭证填制的基本要求

（1）记账凭证各项内容必须完整。

（2）记账凭证的书写应当清楚、规范。

（3）除结账和更正错账可以不附原始凭证外，其他记账凭证必须附原始凭证。

（4）记账凭证可以根据每一张原始凭证填制，或根据若干张同类原始凭证汇总填制，也可以根据原始凭证汇总表填制；但不得将不同内容和类别的原始凭证汇总填制在一张记账凭证上。

（5）记账凭证应连续编号。凭证应由主管该项业务的会计人员，按业务发生的顺序并按不同种类的记账凭证采用"字号编号法"连续编号。如果一笔经济业务需要填制两张以上（含两张）记账凭证的，可以采用"分数编号法"编号。如一笔经济业务需编制3张转账凭证，该转账凭证的顺序号为5号，则这笔业务可编制成5 1/3、5 2/3、5 3/3，前面的数字表示凭证顺序，后面的分数的分母表示该号凭证只有3张，分子表示3张凭证中的第1张、第2张、第3张。为了便于监督，反映付款业务的会计凭证不得由出纳人员编号。

（6）填制记账凭证时若发生错误，应当重新填制。

（7）记账凭证填制完成后，如有空行，应当自金额栏最后一笔金额数字下的空行处至合计数上的空行处划线注销。

考点2　收款凭证的填制要求

（1）收款凭证左上角的"借方科目"按收款的性质填写"库存现金"或"银行存款"。

（2）日期填写的是编制本凭证的日期。

（3）右上角填写编制收款凭证的顺序号。

（4）"摘要"填写对所记录的经济业务的简要说明。

（5）"贷方科目"填写与收入"库存现金"或"银行存款"相对应的会计科目。

（6）"记账"是指该凭证已登记账簿的标记，防止经济业务事项重记或漏记。

（7）"金额"是指该项经济业务事项的发生额。

（8）该凭证右边"附单据×张"是指本记账凭证所附原始凭证的张数。

（9）最下边分别由有关人员签章，以明确经济责任。

收款凭证的会计分录只能是"一借多贷"的复合分录或"一借一贷"的简单分录。出纳人员在办理收款业务后，应在原始凭证上加盖"收讫"的戳记，以避免重收。

【例6-1】2014年10月10日，甲企业收到乙工厂前欠货款10 000元，并存入银行。根据此业务填制的收款凭证如图6-2所示。

收 款 凭 证

借方科目：银行存款　　　　　2014年10月10日　　　　　银收　字第1号

摘　要	贷方总账科目	明细科目	√	金　额									
				千	百	十	万	千	百	十	元	角	分
收回前欠货款	应收账款	乙工厂					1	0	0	0	0	0	0
合计						¥	1	0	0	0	0	0	0

附单据1张

财务主管　　　　记账　　　　出纳　　　　审核　　　　制单××

图6-2　收款凭证的填制

考点3　付款凭证的填制要求

付款凭证是根据审核无误的有关库存现金和银行存款的付款业务的原始凭证填制的。付款凭证的编制方法与收款凭证基本相同，不同的是在付款凭证的左上角应填列贷方科目，即"库存现金"或"银行存款"科目，"借方科目"栏应填写与"库存现金"或"银行存款"相对应的一级科目和明细科目。

付款凭证的会计分录只能是"多借一贷"的复合分录或"一借一贷"的简单分录。出纳人员在办理付款业务后，应在原始凭证上加盖"付讫"的戳记，以避免重付。

对于涉及"库存现金"和"银行存款"之间的相互划转业务，即从银行提取库存现金，或把库存现金存入银行的经济业务，为了避免重复记账，一般只填制付款凭证，不再填制收款凭证。

【例6-2】2014年10月19日，甲公司开出转账支票一张，偿还丙公司货款10 000元。根据此业务填制的付款凭证如图6-3所示。

付 款 凭 证

贷方科目：银行存款　　　　　　　2014 年 10 月 19 日　　　　　　　银付　字第 1 号

摘　要	借方总账科目	明细科目	√	金　额									
				千	百	十	万	千	百	十	元	角	分
偿还前欠货款	应付账款	丙公司				1	0	0	0	0	0	0	0
合计					￥	1	0	0	0	0	0	0	0

财务主管　　　　　记账　　　　　出纳　　　　审核　　　　　制单××

附单据 1 张

图 6－3　付款凭证的填制

考点 4　转账凭证的填制要求

转账凭证是根据有关转账业务的原始凭证填制的。转账凭证中"总账科目"和"明细科目"栏应填写应借、应贷的总账科目和明细科目，<u>借方科目应记金额应在同一行的"借方金额"栏填列，贷方科目应记金额应在同一行的"贷方金额"栏填列，"借方金额"栏合计数与"贷方金额"栏合计数应相等</u>。其他项目的填列与收、付款凭证相同。

【例 6－3】2014 年 10 月 31 日，甲公司计提本月固定资产的折旧金额 6 000 元。根据此业务填制的转账凭证如图 6－4 所示。

转 账 凭 证

2014 年 10 月 31 日　　　　　　　　转字 1 号

摘要	会计科目		记账符号	借方金额										记账符号	贷方金额									
	总账科目	明细科目		千	百	十	万	千	百	十	元	角	分		千	百	十	万	千	百	十	元	角	分
计提固定	管理费用	折旧费					6	0	0	0	0	0												
资产折旧	累计折旧																	6	0	0	0	0	0
合计						￥	6	0	0	0	0	0				￥	6	0	0	0	0	0	

财务主管　　　　　记账　　　　　　审核　　　　　制单××

附单据 1 张

图 6－4　转账凭证的填制

此外，<u>某些既涉及收款业务，又涉及转账业务的综合性业务，可分开填制不同类型的记账凭证</u>。如李明出差回来，报销差旅费 900 元，出差前预借差旅费 1 000 元，剩余款项交回公司。对于这项经济业务会计应根据收款收据的记账联填制现金收款凭证，同时，根据差旅费报销单填制转账凭证。

四、记账凭证的审核

考点 记账凭证的审核

为了保证会计信息的质量，在记账之前应由有关稽核人员对记账凭证进行严格的审核。记账凭证审核的内容主要包括：

1. 内容是否真实

审核记账凭证是否附有原始凭证，所附原始凭证的内容是否与记账凭证记录的内容一致，记账凭证汇总表与记账凭证的内容是否一致。

2. 项目是否齐全

审核记账凭证各项目的填写是否齐全，如日期、凭证编号、摘要、会计科目、金额、所附原始凭证张数及有关人员签章等。

3. 科目是否正确

审核记账凭证的应借、应贷科目是否正确，是否有明确的账户对应关系等。

4. 金额是否正确

审核记账凭证所记录的金额与原始凭证的有关金额是否一致，计算是否正确，记账凭证汇总表的金额与记账凭证的金额合计是否相符等。

5. 书写是否正确

审核记账凭证中的记录是否文字工整、数字清晰，是否按规定使用蓝黑墨水或碳素墨水等。

6. 手续是否完备

记账凭证应根据审核无误的原始凭证登记，如果原始凭证手续不完备，应补办完整。对于出纳人员办理的收款、付款业务，要审核是否已在原始凭证上加盖"收讫"或"付讫"的戳记。

总结：原始凭证和记账凭证的相同点和不同点对比如表6-9所示。

表6-9 原始凭证与记账凭证的异同

		原始凭证	记账凭证
相同		同属于会计凭证的范畴，都是记录发生的经济业务的内容	
不同	①填制人员	业务经办人员	会计人员
	②填制依据	发生或完成的经济业务	审核无误的原始凭证
	③填制方法	经济业务发生或完成情况的原始证明	依据会计科目对发生或完成的经济业务归类、整理，编制会计分录
	④发挥作用	记账凭证的附件、填制记账凭证的依据	登记账簿的直接依据

典型例题

【例题1·单选题】 某单位财务部第8号记账凭证的会计事项需要填制3张记账凭证，下列编号中，正确的是（　　）。

A. 8，9，10
B. 7，8，9
C. 8 1/3，8 2/3，8 3/3
D. 1/3，2/3，2/3

【答案】 C

【解析】 如果一笔经济业务需要填制两张以上记账凭证的，可以采用分数编号法编号。

【例题2·单选题】 可以不附原始凭证的记账凭证是（　　）。

A. 更正错误的记账凭证
B. 从银行提取现金的记账凭证
C. 以现金发放工资的记账凭证
D. 职工临时性借款的记账凭证

【答案】 A

【解析】 除结账和更正错误外，记账凭证必须附有原始凭证。

【例题3·单选题】 下列各项中，（　　）属于从银行提取库存现金的业务应编制的凭证。

A. 库存现金收款凭证
B. 银行存款收款凭证
C. 库存现金付款凭证
D. 银行存款付款凭证

【答案】 D

【解析】 库存现金和银行存款之间的业务只编制付款凭证。

第四节　会计凭证的传递与保管

考纲重点分布

四、会计凭证的传递与保管	1. 会计凭证的传递	理解
	2. 会计凭证的保管	掌握

考点精解

一、会计凭证的传递

考点　会计凭证的传递

会计凭证的传递是指从会计凭证的取得或填制时起至归档保管过程中，在单位内部有关部门和人员之间的传送程序。会计凭证的传递，应当满足内部控制制度的要求，使传递程序合理有效，同时尽量节约传递时间，减少传递的工作量。各单位应根据具体情况确定每一种会计凭证的传递程序和方法。

会计凭证的传递具体包括传递程序和传递时间。各单位应根据经济业务特点、内部机构设置、人员分工和管理要求，具体规定各种凭证的传递程序；根据有关部门和经办人员办理业务的情况，确定凭证的传递时间。

二、会计凭证的保管

考点 会计凭证的保管

会计凭证的保管是指会计凭证记账后的整理、装订、归档和存查工作。会计凭证作为记账的依据，是重要的会计档案和经济资料。本单位以及其他有关单位，可能因为各种需要查阅会计凭证，特别是发生贪污、盗窃、违法乱纪行为时，会计凭证还是依法处理的有效证据。因此，任何单位在完成经济业务手续和记账后，必须将会计凭证按规定的立卷归档制度形成会计档案资料，妥善保管，防止丢失，不得任意销毁，以便日后随时查阅。

会计凭证的保管要求主要有：

1. 会计凭证应定期装订成册，防止散失

会计部门在依据会计凭证记账以后，应定期（每天、每旬或每月）对各种会计凭证进行分类整理，将各种记账凭证按照编号顺序，连同所附的原始凭证一起加具封面和封底，装订成册，并在装订线上加贴封签，由装订人员在装订线封签处签名或盖章。

从外单位取得的原始凭证遗失时，应取得原签发单位盖有公章的证明，并注明原始凭证的号码、金额、内容等，由经办单位会计机构负责人（会计主管人员）和单位负责人批准后，才能代作原始凭证。若确实无法取得证明的，如车票丢失，则应由当事人写明详细情况，由经办单位会计机构负责人（会计主管人员）和单位负责人批准后，代作原始凭证。

2. 会计凭证封面所载事项齐全

会计凭证封面应注明单位名称、凭证种类、凭证张数、起止号数、年度、月份、会计主管人员和装订人员等有关事项，会计主管人员和保管人员应在封面上签章。会计凭证封面如图6－5所示。

记账凭单（证）封面

日期	年 月		
册数	本月共 册	本册是第 册	
张数	本册自第 号至第 号		共 张
附件			

会计主管：　　　　　　　　　　　　装订人：

图6－5 记账凭证封面

3. 会计凭证应加贴封条，防止抽换凭证

原始凭证不得外借，其他单位如有特殊原因确实需要使用时，经本单位会计机构负责人（会计主管人员）批准，可以复制。向外单位提供的原始凭证复制件，应在专设的登记簿上登记，并由提供人员和收取人员共同签名、盖章。

4. 原始凭证较多时，可单独装订

但应在凭证封面注明所属记账凭证的日期、编号和种类，同时在所属的记账凭证上应注明"附件另订"及原始凭证的名称和编号，以便查阅。对各种重要的原始凭证，如押金收据、提货单等以及各种需要随时查阅和退回的单据，应另编目录，单独保管，并在有关的记账凭证和原始凭证上分别注明日期和编号。

5. 会计凭证终身保存

每年装订成册的会计凭证，在年度终了时可暂由单位会计机构保管一年，期满后应当移交本单位档案机构统一保管；未设立档案机构的，应当在会计机构内部指定专人保管。出纳人员不得兼管会计档案。严格遵守会计凭证的保管期限要求，期满前不得任意销毁。

典型例题

【例题1·判断题】 会计凭证的传递具体包括传递程序和传递时间。（   ）

【答案】 √

【解析】 会计凭证的传递具体包括传递程序和传递时间。

【例题2·判断题】 原始凭证不得外借，其他单位如有特殊原因确实需要使用时，经本单位会计机构负责人（会计主管人员）批准，可以复制。（   ）

【答案】 √

【解析】 原始凭证不得外借，其他单位如有特殊原因确实需要使用时，经本单位会计机构负责人（会计主管人员）批准，可以复制。

第七章　会计账簿

章节简介

本章所讲的会计账簿是会计报表与会计凭证的中间环节，承上启下，学习时重点掌握会计账簿的登记要求；总分类账与明细分类账平行登记的要点；日记账、总分类账与有关明细分类账的登记方法；对账与结账的方法和错账查找与更正的方法。

第一节　会计账簿概述

考纲重点分布

一、会计账簿概述	1. 会计账簿的概念与作用	理解
	2. 会计账簿的基本内容	掌握
	3. 会计账簿与账户的关系	了解
	4. 会计账簿的种类	掌握

考点精解

一、会计账簿的概念与作用

考点1　概念

会计账簿是指由一定格式的账页组成的，以经过审核的会计凭证为依据，全面、系统、连续地记录各项经济业务的簿籍。设置和登记账簿，是编制财务报表的基础，是连接会计凭证和财务报表的中间环节。

账簿从外表形式上看，是由具有专门格式而又相互联结在一起的若干账页组成的，从记录的内容看，是对所有的经济业务，按照账户进行归类并序时地进行记录的簿籍。各单位应当按照规定以及业务的需要设置会计账簿。

在会计核算工作中，通过填制和审核会计凭证，可以反映和监督每项经济业务的发生和完成情况，但由于会计凭证的数量很多，又很分散，每张会计凭证一般只能反映个别经济业务的内容，它们所提供的核算资料大多是零散的，不能全面、连续、系统地反映一个单位在一定期间内某类经济业务和全部经济业务的变动情况，不便于日后查阅，因而不能满足经营管理的需要。因此，为了把分散在会计凭证上的大量核算资料加以集中和归类整理，以便为经营管理提供系统、完整的核算资料，就必须运用设置和登记账簿这一会计核算的专门方法。设置和登记账簿，是编制财务报表的基础，是连接会计凭证和财务报表的中间环节，在会计核算中具有重要作用。

设置和登记账簿，是加工整理、积累、贮存会计资料的一种重要方法，是会计核算工作的一个重要环节，它对于加强经营管理，提高经济效益具有重要意义。

考点2　设置和登记账簿的意义

1. 记载和储存会计信息

账簿资料可以反映经济业务的具体情况，因此通过设置和登记账簿，记载和存储会计资料以便日后查阅使用。保存完好的账簿记录可以提供会计分析的参考资料，为会计分析和会计检查提供依据。

2. 分类和汇总会计信息

通过设置和登记账簿，可以把会计凭证中提供的零散资料加以归类汇总、加工整理，形成集中的、全面的、系统的会计核算资料，以便于了解各项资产、负债和所有者权益的增减变动及结余情况，合理使用各项资金，正确地计算和反映费用、成本、收入、利润的形成及利润分配等情况，满足经济管理的需要。

3. 检查和校正会计信息

通过设置和登记账簿，不仅可以随时了解各项资产和权益的增减变动情况，便于加强对各项经济活动和财务收支进行日常监督，维护国家的财经纪律；而且通过账实核对，可以检查账实是否一致，从而有效地发挥会计监督的作用，有利于保证各项财产物资和资金的安全完整和合理使用。

4. 编报和输出会计信息

为了总结一定时期的经济活动情况，必须按照规定进行结账和对账的工作，经审核无误后，账簿所提供的核算资料，才能作为编制会计报表的重要依据。

二、会计账簿的基本内容

考点　会计账簿的基本内容

在实际工作中，由于各种会计账簿所记录的经济业务不同，账簿的格式也多种多样，但各种账簿都应具备以下基本内容：封面、扉页和账页。

1. 封面

主要用来标明账簿的名称，如库存现金日记账、银行存款日记账、总分类账、各种明细分类账等。封面和封底主要起保护账页的作用。其格式如图7-1所示。

会计账簿封面

单位名称————————————

账簿名称————————————

年　　　度————————————

本账簿共　　张自第　　页起至第　　页止

负责人　　　　　　　经管人

图 7－1　会计账簿封面

2. 扉页

主要用来标明会计账簿的使用信息，如科目索引、账簿启用和经管人员一览表等。

（1）科目索引表。列明了一本账簿记录的所有账户名称和在账簿中的记录页数，一般置于账簿的扉页，即在账簿封面和正式账页之间。其格式如表 7－1 所示。

表 7－1　科目索引表

账户名称	页数	账户名称	页数	账户名称	页数

（2）账簿启用和经营人员一览表。一般置于"科目索引表"后、正式账页之前，其格式如表 7－2 所示。

表 7－2　账簿启用和经管人员一览表

单位名称					
账簿名称					
账簿页数	自第	页起至	页止共	页	
启用日期					
单位领导人 签章			会计主管 人员签章		
经管人员职别	姓名	经管或接管日期	签章	移交日期	签章
		年　月　日		年　月　日	
		年　月　日		年　月　日	
		年　月　日		年　月　日	
		年　月　日		年　月　日	
		年　月　日		年　月　日	

3. 账页

账簿用来记录经济业务事项的载体，其格式因反映经济业务内容的不同而有所不同，但其内容应当包括：

（1）账户名称（一级会计科目、二级或明细科目）。

（2）登记账簿的日期栏。

（3）凭证的种类和编号栏。

（4）摘要栏（所记录经济业务内容的简要说明）。

（5）金额栏（记录经济业务的增减变动和余额）。

（6）总页次和分户页次栏。

三、会计账簿与账户的关系

考点　会计账簿与账户的关系

账簿与账户的关系是形式和内容的关系。账簿是由若干账页组成的一个整体，账户存在于账簿之中，账簿中的每一账页就是账户的具体存在形式和载体，没有账簿，账户就无法存在；账簿序时、分类地记录经济业务，是在各个具体的账户中完成的。因此，账簿只是一个外在形式，账户才是它的实质内容。

四、会计账簿的种类

会计账簿的种类很多，不同类别的会计账簿可以提供不同的会计信息，满足不同使用者的需要。在实际工作中，由于各个单位的经济业务和经营管理的要求不同，所设置的账簿也有所不同。账簿的种类及其格式是多种多样的，一般可以按其用途和外表形式等进行分类。

考点1　按用途分类

账簿按其用途不同，一般分为序时账簿、分类账簿和备查账簿三种。

1. 序时账簿

序时账簿又称日记账，是按照经济业务发生时间的先后顺序逐日、逐笔登记的账簿。序时账簿按其记录的内容，可分为普通日记账和特种日记账。

普通日记账是对全部经济业务按其发生时间的先后顺序逐日、逐笔登记的账簿；特种日记账是对某一特定种类的经济业务按其发生时间的先后顺序逐日、逐笔登记的账簿。

在我国，大多数单位一般只设库存现金日记账和银行存款日记账，以便加强对货币资金的日常监督和管理。设置日记账的作用，在于及时、系统、全面地反映所发生的经济业务事项以及资金的增减变动情况，保护财产物资和资金的安全完整，以及便于对账、查账。

2. 分类账簿

分类账簿是按照会计要素的具体类别而设置的分类账户进行登记的账簿。账簿按其反映经济业务的详略程度，可分为总分类账簿和明细分类账簿。

总分类账簿又称总账，是根据总分类账户开设的，能够全面地反映企业的经济活动；明细分类账簿又称明细账，是根据明细分类账户开设的，用来提供明细的核算资料。总账对所属的明细账起统驭作用，明细账对总账进行补充和说明。

3. 备查账簿

备查账簿又称辅助登记簿或补充登记簿，是指对某些在序时账簿和分类账簿中未能记载或记载不全面的经济业务进行补充登记的账簿。备查账簿并非每一个单位都必须设置的，应根据企业的实际需要设置。备查账簿只是对其他账簿记录的一种补充，与其他账簿之间不存在严密的依存和勾稽关系。备查账簿根据企业的实际需要设置，没有固定的格式要求。如租入固定资产登记簿、应收票据贴现备查簿、委托加工材料登记簿等。

考点2　按账页格式分类

会计账簿按账页格式的不同，可以分为两栏式账簿、三栏式账簿、多栏式账簿、数量金额式账簿和横线登记式账簿五种。

1. 两栏式账簿

两栏式账簿是指只有借方和贷方两个金额栏目的账簿。普通日记账和转账日记账一般采用两栏式。两栏式账簿格式如表7-3所示。

表7-3　两栏式账簿

年		凭证号	摘要	借方		贷方	
月	日			一级科目	金额	一级科目	金额

2. 三栏式账簿

三栏式账簿是指设有借方、贷方和余额三个金额栏目的账簿。三栏式账簿分为设对方科目和不设对方科目两种，两者的区别是在摘要栏和借方科目栏之间是否有一栏"对方科目"。有"对方科目"栏的，称为设对方科目的三栏式账簿；不设"对方科目"栏的，称为不设对方科目的三栏式账簿。各种日记账、总分类账以及资本、债权、债务明细账都可采用三栏式账簿。三栏式账簿格式如表7-4所示。

表7-4　三栏式账簿

科目名称：

年		凭证编号	摘要	借方	贷方	借或贷	余额
月	日						

3. 多栏式账簿

多栏式账簿是指在账簿的两个金额栏目（借方和贷方）按照需要分设若干个专栏的账簿。按照专栏设置的具体位置，多栏式账簿又可以细分为借方多栏式账簿、贷方多栏式账簿和借贷多栏式账簿。其中，借方多栏式账簿，一般适用于成本、费用明细账，如生产成本明细账、制造费用明细账、管理费用明细账等；贷方多栏式账簿是指账簿的贷方金额栏分设若干专栏的多栏式账簿，一般适用于收入明细账，如主营业务收入明细账等；借贷方多栏式明细账簿是指账簿的借方金额栏和贷方金额栏分别分设若干专栏的多栏式账簿，最典型的适用对象是一般纳税人使用的应交增值税明细账。多栏式账簿（借方多栏）具体格式如表7-5所示。

表7-5 多栏式账簿

账户名称：管理费用

年		凭证		摘要	借方金额						贷方金额	余额
月	日	种类	编号		办公费	折旧费	修理费	水电费	…	合计		

4. 数量金额式账簿

数量金额式账簿的借方、贷方和余额三个栏目内，都分设数量、单价和金额三小栏，借以反映财产物资的实物数量和价值量。如原材料、库存商品、产成品等明细账一般都采用数量金额式账簿。数量金额式账簿格式如表7-6所示。

表7-6 数量金额式账簿

账户名称：

年		凭证		摘要	借方金额			贷方金额			余额		
月	日	种类	编号		数量	单价	金额	数量	单价	金额	数量	单价	金额

5. 横线登记式账簿

横线登记式账簿又称平行式账簿，是指将前后密切相关的经济业务登记在同一行上，以便检查每笔业务的发生和完成情况的账簿。这种账簿适用于登记材料采购、在途物资、应收票据和一次性备用金业务。横线登记式账簿的具体格式，如表7-7和表7-8所示。

表7-7 在途物资明细分类账

明细科目：华北物资站——钢材

20××年		凭证号码	摘要	借方金额			贷方金额				结余金额
月	日			买价	采购费用	合计	月	日	凭证号码	金额	
4	3	略	购入	5 500	300	5 800	4	5	略	5 800	
4	5	略	购入	7 200	400	7 600	4	7	略	7 600	

表 7-8 其他应收款明细账

20××年		凭证号码	户名	摘要	借方金额	贷方金额（报销和收回）					备注
月	日					20××年		凭证号码	报销金额	收回金额	
						月	日				

考点3 按外形特征分类

账簿按外形特征，可以分为订本式账簿、活页式账簿和卡片式账簿三种。

1. 订本式账簿

订本式账簿，简称订本账，是在启用前将编有顺序页码的一定数量账页装订成册的账簿。订本账启用之前就已将账页装订在一起，并对账页进行了连续编号。这种账簿的优点是可以避免账页散失，防止账页被抽换，比较安全。其缺点是同一账簿在同一时间只能由一人登记，这样不便于记账人员分工记账。订本账适用于比较重要的、具有统驭性的账簿。一般地，总分类账、现金日记账和银行存款日记账应采用订本账形式。

2. 活页式账簿

活页式账簿，简称活页账，是将一定数量的账页置于活页夹内，可根据记账内容的变化而随时增加或减少部分账页的账簿。活页账在账簿登记完毕之前并不固定装订在一起，而是装在活页账夹中。当账簿登记完毕之后（通常是一个会计年度结束之后），才将账页予以装订，加具封面，并给各账页连续编号。其特点是在使用过程中把账页平时存放在活页账夹内，随时可以取放，待年终才装订成册。活页账的优点是可以根据实际需要增添账页，不会浪费账页，使用灵活，并且便于同时分工记账；缺点在于账页容易散失和被抽换。为克服这个缺点，空白账页使用时必须连续编号，装置在账夹中或临时装订成册，并由有关人员在账页上盖章，以防舞弊。一般地，各种明细分类账可采用活页账形式。

3. 卡片式账簿

卡片式账簿，简称卡片账，是将一定数量的卡片式账页存放于专设的卡片箱中，可以根据需要随时增添账页的账簿。卡片账是将账户所需格式印刷在硬卡上，通常是由若干零散的、具有专门格式的硬纸卡片组成的账簿。严格地说，卡片账也是一种活页账，只不过它不是装在活页账夹中，而是保存在卡片箱内，以保证其安全并可以随时取出和放入。它的优缺点与活页账相同。在我国，一般只对固定资产明细账采用卡片账形式。少数企业在材料核算中也使用卡片账。

总结：订本式账簿、活页式账簿和卡片式账簿的特点及优缺点，如表7-9所示。

表 7-9 订本式账簿、活页式账簿和卡片式账簿的特点及优缺点

账簿种类	优点	缺点
订本式：启用前就已将账页装订在一起，并进行连续编号	可以避免账页散失，防止账页被抽换，比较安全	同一账簿在同一时间只能由一人登记，不便于分工记账

账簿种类	优点	缺点
活页式：在账簿登记完毕之前并不装订固定，而装在活页账夹中，随时可以取放，待年终才装订成册	可以根据实际需要增添账页，不会浪费账页，使用灵活，并且便于同时分工记账	账页容易散失和被抽换
卡片式：将所需格式印刷在硬卡上，通常是由若干零散的、具有专门格式的硬纸卡片组成的账簿，<u>卡片账也是一种活页账</u>	置于卡片箱中，数量可根据业务增减，可跨年度使用，使用和转移方便灵活	容易散失和被抽换，所以要求使用时，卡片上连续编号，保证安全

典型例题

【例题1·单选题】（　　　　）是编制会计报表的基础，是连接会计凭证与会计报表的中间环节。在会计核算中具有重要意义。

A. 设置和登记账簿　　　　　　　　B. 试算平衡

C. 填制审核凭证　　　　　　　　　D. 对账和结账

【答案】 A

【解析】 设置和登记账簿是编制会计报表的基础，是连接会计凭证与会计报表的中间环节。在会计核算中具有重要意义。

【例题2·单选题】 下列账簿中，通常不采用三栏和多栏式账页格式的是（　　　　）。

A. 应付账款明细账　　　　　　　　B. 银行存款日记账

C. 管理费用明细账　　　　　　　　D. 库存商品明细账

【答案】 D

【解析】 库存商品明细账通常采用数量金额式账页。

【例题3·单选题】 关于明细分类账，错误的说法是（　　　　）。

A. 三栏式明细分类账是设有借方、贷方和余额三个栏目，用以分类核算各项经济业务

B. 三栏式明细分类账的格式与三栏式总账格式相同

C. 库存商品明细分类账一般采用三栏式

D. 固定资产明细分类账可以采用卡片式账簿

【答案】 C

【解析】 库存商品明细分类账通常采用数量金额式账页。

【例题4·判断题】 三栏式明细分类账设有数量、单价和金额三个栏目，用以分类核算各项经济业务，提供详细核算资料的账簿。（　　　　）

【答案】 ×

【解析】 三栏式明细分类账设有借方、贷方和余额三个栏目。

第二节 会计账簿的启用与登记要求

考纲重点分布

二、会计账簿的启用与登记要求	1. 会计账簿的启用	理解
	2. 会计账簿的登记要求	掌握

考点精解

一、会计账簿的启用

启用会计账簿时，应当在账簿封面上写明单位名称和账簿名称，并在账簿扉页上附启用表。

"账簿启用登记表"（活页账、卡片账应在装订成册时填列），其内容包括：启用日期、账簿页数、记账人员和会计机构负责人、会计主管人员姓名，并加盖人名章和单位公章。记账人员或会计机构负责人（或会计主管人员）如有变动，应办理交接手续，注明交接日期、接替人员和监交人员姓名，并由交接双方签名盖章。没有办清交接手续的，不得调动或者离职。

启用订本式账簿应当从第一页到最后一页顺序编定页数，不得跳页、缺号。

启用活页式账页应当按账户顺序编号，并须定期装订成册；装订后再按实际使用的账页顺序编定页码，另加目录，记明每个账户的名称和页次。

在年度开始启用新账簿时，为了保证年度之间账簿记录的相互衔接，应把上年度的年末余额，记入新账的第一行，并在摘要栏中注明"上年结转"或"年初余额"字样。

二、会计账簿的登记要求

为了保证账簿记录的正确性，必须根据审核无误的会计凭证登记会计账簿，并符合有关法律、行政法规和国家统一会计准则制度的规定，主要有如下要求：

1. 准确完整

登记账簿时，应当将会计凭证日期、编号、业务内容摘要、金额和其他有关资料逐项记入账内，做到数字准确、摘要清楚、登记及时、字迹工整。账簿记录中的日期，应该填写记账凭证上的日期。以自制原始凭证，如收料单、领料单等作为记账依据的，账簿记录中的日期应按有关自制凭证上的日期填列。

2. 注明记账符号

登记账簿完毕，应在记账凭证上签名或盖章，并在记账凭证的"过账"栏内注明账簿页数或画对勾，表示记账完毕，避免重记、漏记。

3. 书写留空

账簿中书写文字和数字应紧靠底线书写,上面要留有适当的空格,不要写满格,一般应占格距的1/2。

4. 正常记账使用蓝黑墨水

为了保持账簿记录的持久性,防止涂改,登记账簿要用蓝黑墨水或碳素墨水书写,不得使用圆珠笔(银行的复写账簿除外)或者铅笔书写。

5. 特殊记账使用红墨水

可以使用红色墨水记账的情况包括:

(1)按照红字冲账的记账凭证,冲销错误记录。

(2)在不设借贷等栏的多栏式账页中,登记减少数。

(3)三栏式账户的余额栏前,如未印明余额方向,在余额栏内登记负数余额。

(4)根据国家统一的会计制度可以用红字登记的其他会计记录。

【提示】会计中的红字一般表示负数,因此,除上述情况外,不得使用红色墨水登记账簿。

6. 顺序连续登记

记账时,必须按账户页次逐页逐行登记,不得隔页、跳行。如发现隔页、跳行现象,应在空行、空页处用红色墨水划对角线注销,或者注明"此行空白"或"此页空白"等字样,并由记账人员和会计机构负责人(会计主管人员)在更正处签章。

7. 结出余额

凡需要结出余额的账户,结出余额后,应当在"借或贷"等栏目内写明"借"或"贷"字样,以示余额的方向;对于没有余额的账户,应在"借或贷"栏内写"平"字,并在"余额"栏"元"位处用"0"表示。库存现金日记账和银行存款日记局长须逐日结出余额。

8. 过次承前

每一账页登记完毕结转下页时,应当结出本页发生额合计数及余额,写在本页最后一行和下一页第一行有关栏内,并在摘要栏内注明"过次页"和"承前页"字样;也可以将本页发生额合计数及金额只写在下页第一行有关栏内,并在摘要栏内注明"承前页"字样,以保持账簿记录的连续性,便于对账和结账。

对需要结计本月发生额的账户,结计"过次页"的本页发生额合计数应当为自本月初起至本月末止的发生额合计数;对需要结计本年累计发生额的账户,结计"过次页"的本页合计数应当为自年初起至本页末止的累计数;对既不需要结计本月发生额也不需要结计本年累计发生额的账户,可以只将每页末的余额结转次页。

9. 不准涂改、刮擦、挖补

账簿记录发生错误,不准涂改、挖补、刮擦或者用药水消除字迹,不准重新抄写,必须按照正确的更正方法更正。

典型例题

【例题1·单选题】下列关于会计账簿登记要求的表述中,正确的是(   )。

A. 特殊记账用红墨水　　　　　　　　B. 文字或数字的书写必须占满格

C. 发生的空行、空页一定要补充书写　D. 书写可以使用蓝黑墨水、圆珠笔或铅笔

【答案】A

【解析】选项B，账簿中书写文字和数字应紧靠底线书写，上面要留有适当的空格，不要写满格，一般应占格距的1/2。选项C，记账时，必须按账户页次逐页逐行登记，不得隔页跳行。如发现隔页、跳行现象，应在空行、空页处用红色墨水划对角线注销，或者注明"此行空白"或"此页空白"等字样，并由记账人员签章。选项D，为了保持账簿记录的持久性，防止涂改，登记账簿要用蓝黑墨水或碳素墨水书写，不得使用圆珠笔（银行的复写账簿除外）或者铅笔书写。

【例题2·判断题】启用订本式账簿应当从第一页到最后一页顺序编定页数，不得跳页、缺号。（　　）

【答案】√

【解析】启用订本式账簿应当从第一页到最后一页顺序编定页数，不得跳页、缺号。

第三节　会计账簿的格式与登记方法

考纲重点分布

三、会计账簿的格式与登记方法	1. 日记账的格式与登记方法	理解
	2. 总分类账的格式与登记方法	理解
	3. 明细分类账的格式与登记方法	理解
	4. 总分类账户与明细分类账户的平行登记	理解

考点精解

一、日记账的格式与登记方法

日记账是按照经济业务的发生或完成时间的先后顺序逐日逐笔登记的账簿。设置日记账的目的是为了将经济业务按时间顺序清晰地反映在账簿记录中。日记账可以用来核算和监督某一类型经济业务或全部经济业务的发生或完成情况。其中，用来记录全部经济业务的日记账称为普通日记账；用来记录某一类型经济业务的日记账称为特种日记账。日记账应当根据办理完毕的收、付款凭证，随时按顺序逐笔登记，最少每天登记一次。

考点1　库存现金日记账的格式与登记方法

库存现金日记账的格式主要有三栏式和多栏式两种，账簿格式必须使用订本式。

1. 三栏式库存现金日记账

三栏式库存现金日记账是用来登记库存现金的增减变动及其结果的日记账。设借方、

贷方和余额三个金额栏目,一般将其分别称为收入、支出和结余三个基本栏目。

三栏式库存现金日记账是由出纳人员根据<u>库存现金收款凭证</u>、<u>库存现金付款凭证</u>以及<u>银行存款付款凭证</u>,按照库存现金收、付款业务和银行存款付款业务发生时间的先后顺序逐日逐笔登记。

【提示】对于从银行提取库存现金的业务,由于规定只填制银行存款付款凭证,不填制库存现金收款凭证,因此,<u>从银行提取库存现金的收入数,应根据银行存款付款凭证登记</u>。也就是说,出纳人员根据库存现金收款凭证和与库存现金有关的银行存款付款凭证(从银行提取现金的业务)登记库存现金收入,根据库存现金付款凭证登记库存现金支出;并根据"上日余额 + 本日收入 - 本日支出 = 本日金额"的公式,逐日结出库存现金余额,与库存现金实存数核对,以检查每日库存现金收付是否有误。如果账款不符,应及时查明原因。

三栏式库存现金日记账格式如表 7 - 10 所示。

表 7 - 10　库存现金日记账

20××年		凭证		摘要	对方科目	页数	借方	贷方	余额
月	日	种类	号数						

2. 多栏式库存现金日记账

多栏式库存现金日记账是在三栏式库存现金日记账基础上发展起来的。这种日记账的借方(收入)和贷方(支出)金额栏都按对方科目设专栏,即按收入的来源和支出的用途设专栏。这种格式在月末结账时,可以结出各收入来源专栏和支出用途专栏的合计数,便于对现金收支的合理性、合法性进行审核分析,便于检查财务收支计划的执行情况,其全月发生额可以作为登记总账的依据。

多栏式库存现金日记账格式如表 7 - 11 所示。

表 7 - 11　库存现金日记账

20××年		凭证		摘要	收入(对方科目)				支出(对方科目)				余额
月	日	种类	号数		银行存款	主营业务收入	…	小计	其他应收款	管理费用	…	小计	

借、贷双方分设的多栏式库存现金日记账的登记方法是:先根据有关库存现金收入业务的记账凭证登记库存现金收入日记账,根据有关库存现金支出业务的记账凭证登记库存

现金支出日记账。每日终了，根据库存现金支出日记账结出的支出合计数，一笔转入库存现金收入日记账的"支出合计"栏中，并结出当日余额填入"余额"栏，然后与库存现金实有数核对。

考点2 银行存款日记账的格式与登记方法

银行存款日记账是用来核算和监督银行存款每日的收入、支出和结余情况的账簿。银行存款日记账应按企业在银行开立的账户和币种分别设置，每个银行账户设置一本日记账。由出纳员根据与银行存款收付业务有关的记账凭证（包括银行存款收款凭证、银行存款付款凭证及库存现金付款凭证），按时间先后顺序逐日逐笔进行登记。根据银行存款收款凭证和有关的库存现金付款凭证登记银行存款收入栏，根据银行存款付款凭证登记其支出栏，每日结出存款余额。

银行存款日记账的格式和登记方法与库存现金日记账相同，可采用三栏式，也可以采用多栏式。多栏式可以将收入和支出的核算放在一本账上进行，也可以分设"银行存款收入日记账"和"银行存款支出日记账"两本账。其格式和方法与"库存现金收入日记账"和"库存现金支出日记账"基本相同。实际工作中，无论是设置三栏式还是多栏式，一般还应在银行存款日记账的适当位置增加一栏"结算凭证"，以便记账时标明每笔业务的结算凭证及编号，便于与银行核对账目。

三栏式银行存款日记账的格式如表7－12所示。

表7－12 银行存款日记账

20××年		凭证		摘要	对方科目	结算凭证	借方	贷方	余额
月	日	种类	号数						

二、总分类账的格式与登记方法

考点1 总分类账的格式

总分类账是指按照总分类账户分类登记以提供总括会计信息的账簿。总分类账最常用的格式为三栏式，设有借方、贷方和余额三个金额栏目。

考点2 总分类账的登记方法

总分类账的登记方法因登记的依据不同而有所不同。经济业务少的小型单位的总分类账可以根据记账凭证逐笔登记；经济业务多的大中型单位的总分类账可以根据记账凭证汇总表（又称科目汇总表）或汇总记账凭证等定期登记。

总结：

（1）总分类账常用账页格式为三栏式，账簿格式必须使用订本式。

（2）总分类账登记依据：记账凭证、记账凭证汇总表（科目汇总表）、汇总记账凭证。

三、明细分类账的格式与登记方法

明细分类账是根据有关明细分类账户设置并登记的账簿。它能提供交易或事项比较详细、具体的核算资料，以补充总账所提供核算资料的不足。因此，各企业单位在设置总账的同时，还应设置必要的明细账。明细分类账一般采用活页式账簿、卡片式账簿。明细分类账一般根据记账凭证和相应的原始凭证来登记。

考点1　明细分类账的格式

根据各种明细分类账所记录经济业务的特点，明细分类账的常用格式主要有以下四种：

1. 三栏式

三栏式账页是设有借方、贷方和余额三个栏目，用以分类核算各项经济业务，提供详细核算资料的账簿，其格式与三栏式总账格式相同。

2. 多栏式

多栏式账页是将属于同一个总账科目的各个明细科目合并在一张账页上进行登记，即在这种格式账页的借方或贷方金额栏内按照明细项目设若干专栏。这种格式适用于收入、成本、费用类科目的明细核算。

3. 数量金额式

数量金额式账页适用于既要进行金额核算又要进行数量核算的账户，如原材料、库存商品等存货账户，其借方（收入）、贷方（发出）和余额（结存）都分别设有数量、单价和金额三个专栏。

数量金额式账页提供了企业有关财产物资数量和金额收、发、存的详细资料，从而能加强财产物资的实物管理和使用监督，保证这些财产物资的安全完整。

4. 横线登记式

横线登记式账页是采用横线登记，即将每一相关的业务登记在一行，从而可依据每一行各个栏目的登记是否齐全来判断该项业务的进展情况。这种格式适用于登记材料采购、在途物资、应收票据和一次性备用金业务。"在途物资"明细账一般采用这种格式的账簿。

考点2　明细分类账的登记方法

不同类型经济业务的明细账可依据管理需要，依据记账凭证、原始凭证或汇总原始凭证逐日逐笔或定期汇总登记。固定资产、债权、债务等明细账应逐日逐笔登记；库存商品、原材料、产成品收发明细账及收入、费用等明细账可以逐笔登记，也可以定期汇总登记。

四、总分类账户与明细分类账户的平行登记

考点1　总分类账户与明细分类账户的关系

为了满足企业有关各方对会计信息的不同需要，要求会计核算的内容所提供的指标也不同，既要提供较为总括的核算指标，又要提供详细的核算指标。为此，在会计核算中根据总分类科目和明细分类科目分别设置总分类账户和明细分类账户，进行总分类核算和明

细分类核算。

总分类账户是所属明细分类账户的统驭账户，对所属明细分类账户起着控制作用；明细分类账户则是总分类账户的从属账户，对其所隶属的总分类账户起着辅助作用。总分类账户及其所属明细分类账户的核算对象是相同的，它们所提供的核算资料互相补充，只有把两者结合起来，才能既总括又详细地反映同一核算内容。因此，总分类账户和明细分类账户必须平行登记。

考点2　总分类账户与明细分类账户平行登记的要点

平行登记是指对所发生的每项经济业务都要以会计凭证为依据，一方面记入有关总分类账户，另一方面记入所属明细分类账户的方法。

平行登记既可以满足管理上对总括会计信息和详细会计信息的需求，又可以检验账户记录的完整性和正确性。平行登记的要点主要包括以下几个方面：

1. 方向相同

在总分类账户及其所属的明细分类账户中登记同一项经济业务时，方向通常相同。即在总分类账户中记入借方，在其所属的明细分类账中也应记入借方；在总分类账户中记入贷方，在其所属的明细分类账中一般也应记入贷方。

2. 期间一致

发生的经济业务，记入总分类账户和所属明细分类账户的具体时间可以有先后，但应在同一个会计期间记入总分类账户和所属明细分类账户。

3. 金额相等

记入总分类账户的金额必须与记入其所属的一个或几个明细分类账户的金额合计数相等。进而，总分类账户本期发生额与其所属明细分类账户本期发生额合计相等；总分类账户期初余额与其所属明细分类账户期初余额合计相等；总分类账户期末余额与其所属明细分类账户期末余额合计相等。

典型例题

【例题1·多选题】 下列各项中，属于库存现金日记账所属类别的有（　　）。

A. 订本账　　　　B. 活页账　　　　C. 特种日记账　　　　D. 普通日记账

【答案】 AC

【解析】 库存现金日记账属于特种日记账。库存现金日记账的格式主要有三栏式和多栏式两种，账簿格式必须使用订本式。

【例题2·多选题】 下列各项中，属于总分类账户与明细分类账户平行登记的要点有（　　）。

A. 同金额　　　　B. 同方向　　　　C. 同摘要　　　　D. 同期间

【答案】 ABD

【解析】 平行登记的要点主要包括以下几个方面：方向相同、期间一致、金额相等。

【例题3·判断题】 日记账，应当根据办理完毕的收、付款凭证，随时按顺序逐笔登记，最少每天登记一次。（　　）

【答案】 √

【解析】 日记账，应当根据办理完毕的收、付款凭证，随时按顺序逐笔登记，最少每天登记一次。

第四节 对账与结账

考纲重点分布

四、对账与结账	1. 对账	理解
	2. 结账	理解

考点精解

一、对账

考点1 对账的概念

对账就是核对账目，是对账簿记录所进行的核对工作。在会计核算中，记账时会发生各种差错，造成账实不符、账证不符，为了保证账簿记录正确性，必须进行对账工作，通过对账来保证各种账簿记录的真实、正确、完整，以确保账证相符、账账相符、账实相符。

考点2 对账的内容

1. 账证核对

账簿是根据经过审核之后的会计凭证登记的，但实际工作中仍有可能发生账实不符的情况，记账后，应将账簿记录与会计凭证核对，核对账簿记录与原始凭证、记账凭证的时间、凭证字号、内容、金额等是否一致，记账方向是否相符，做到账证相符。这种核对，一般是在日常编制凭证和记账过程中进行，检查所记账目是否正确。账证核对也是追查会计记录是否正确的最终途径。

会计期末，如果发现账账不符，也可以再将账簿记录与有关会计凭证进行核对，以保证账证相符。

2. 账账核对

账账核对是指核对不同会计账簿之间的账簿记录是否相符。主要包括：

（1）总分类账簿之间的核对。通过"资产 = 负债 + 所有者权益"这一会计等式和"有借必有贷，借贷必相等"的记账规则可知，总分类账簿各账户的期初余额、本期发生额和期末余额之间存在对应的平衡关系，各账户本期借方发生额合计数与本期贷方发生额合计数相等，总分类账户借方余额合计数和贷方余额合计数相等。总分类账簿的核对工作是通过"试算平衡表"来进行的。

（2）总分类账簿与所属明细分类账簿之间的核对。采用平行登记的方法，平行登记的结果是：

1) 总分类账户余额与其所属有关明细账各账户余额合计数相等。

2) 总分类账户本期借（贷）方发生额与其所属有关明细账账户借（贷）方发生额合计数相等。总分类账户与所属明细分类账户核对是通过编制"总分类账户与明细分类账户本期发生额及余额对照表"来进行的。

（3）总分类账簿与序时账簿之间的核对。我国企事业单位必须设置库存现金日记账和银行存款日记账。库存现金日记账必须每天与库存现金核对相符，银行存款日记账也必须定期与银行对账。在此基础上，还应检查<u>库存现金总账和银行存款总账的期末余额，与库存现金日记账和银行存款日记账的期末余额是否相符</u>。

（4）明细分类账簿之间的核对。<u>会计部门财产物资明细分类账期末余额与财产物资保管和使用部门的有关财产物资明细分类账期末余额应核对相符</u>。核对的方法一般由财产物资保管部门或使用部门定期编制收发结存汇总表报会计部门核对。

3. 账实核对

账实核对是指各项财产物资、债权债务等账面余额与实有数额之间的核对。账实核对的内容主要包括：

（1）<u>库存现金日记账账面余额与现金实际库存数额逐日核对是否相符</u>。

（2）<u>银行存款日记账账面余额与银行对账单的余额定期核对是否相符</u>。

（3）<u>各项财产物资明细账账面余额与财产物资实有数额定期核对是否相符</u>。

（4）<u>有关债权债务明细账账面余额与对方单位债权债务账面记录核对是否相符</u>。

二、结账

考点 1 结账的概念

<u>结账是一项将账簿记录定期结算清楚的账务工作</u>。在一定时期结束时（如月末、季末或年末），为了编制财务报表，需要进行结账，具体包括月结、季结和年结。结账的内容通常包括两个方面：一是结清各种损益类账户，并据以计算确定本期利润；二是结出各资产、负债和所有者权益账户的本期发生额合计和期末余额。

1. 月结

月末结账时，需要在最后一笔经济业务事项记录下通栏划单红线。需要月结的账户，月结后，在月结行下线处再划一条通栏红线，以便与下月发生额划清界限。月末结账的要点如表 7 - 13 所示。

表 7 - 13 月末结账的要点

情形	月末结账要求
库存现金、银行存款日记账和需要按月结计发生额的收入、费用等明细账	每月结账时，要结出本月发生额和余额，在摘要栏内注明"本月合计"字样
不需按月结计本期发生额的账户	每次记账以后，都要随时结出余额，每月最后一笔余额即为月末余额，不需要再结计一次
余额为 0 的账户	应在"借或贷"栏内写"平"，并在余额栏内元位写"θ"表示
本月没有发生经济业务的账户	可以不进行月结，节省手续

2. 季结

办理季结，应在各账户本季度最后一个月的月结下面划一通栏红线，表示本季结束；当然，在红线下结算出本季发生额和季末余额，并在摘要栏内注明"本季合计"字样，最后，再在摘要栏下面划一通栏红线，表示完成季结工作。

3. 年结

年结是以一个会计年度为周期，对本年度内各经济业务情况及结果进行总结。在年末，将全年的发生额累计，登记在12月份的合计数的下一行，在"摘要"栏内注明"本年合计"字样，并在下面划双红线。对于有余额的账户，应把余额结算下一年，在年结数的下一行的"摘要"栏内注明"结转下年"字样。在下一年的新账页的第一行的"摘要"栏内注明"上年结转"字样，并把上年末余额数填写在"余额"栏内。

考点2 结账程序

（1）结账前，将本期发生的经济业务全部登记入账，并保证其正确性。对于发现的错误，应采用适当的方法进行更正。

（2）在本期经济业务全面入账的基础上，根据权责发生制的要求，调整有关账项，合理确定应计入本期的收入和费用。

（3）将各损益类账户余额全部转入"本年利润"账户，结平所有损益类账户。

（4）结出资产、负债和所有者权益账户的本期发生额和余额，并转入下期。

上述工作完成后，就可以根据总分类账和明细分类账的本期发生额和期末余额，分别进行试算平衡。

考点3 结账的方法

结账方法的要点主要有：

（1）对不需按月结计本期发生额的账户，每次记账以后，都要随时结出余额，每月最后一笔余额是月末余额，即月末余额就是本月最后一笔经济业务记录的同一行内余额。月末结账时，只需要在最后一笔经济业务记录下通栏划单红线，不需要再次结计余额。

（2）库存现金、银行存款日记账和需要按月结计发生额的收入、费用等明细账，每月结账时，要在最后一笔经济业务记录下面通栏划单红线，结出本月发生额和余额，在摘要栏内注明"本月合计"字样，并在下面通栏划单红线。

（3）对于需要结计本年累计发生额的明细账户，每月结账时，应在"本月合计"行下结出自年初起至本月末止的累计发生额，登记在月份发生额下面，在摘要栏内注明"本年累计"字样，并在下面通栏划单红线。12月末的"本年累计"就是全年累计发生额，全年累计发生额下通栏划双红线。

（4）总账账户平时只需结出月末余额。年终结账时，为了总括地反映全年各项资金运动情况的全貌，核对账目，要将所有总账账户结出全年发生额和年末余额，在摘要栏内注明"本年合计"字样，并在合计数下通栏划双红线。

（5）年度终了结账时，有余额的账户，应将其余额结转下年，并在摘要栏注明"结转下年"字样；在下一会计年度新建有关账户的第一行余额栏内填写上年结转的余额，并在摘要栏注明"上年结转"字样，使年末有余额账户的余额如实地在账户中加以反映，以免混淆有余额的账户和无余额的账户。

会计账簿结账划线如图7-2所示。

主营业务收入——甲产品

账号		总页	
页次		页	

月	日	凭证种类	凭证号款	摘要	日期	借-百	借-十	借-万	借-千	借-百	借-十	借-元	借-角	借-分	贷-百	贷-十	贷-万	贷-千	贷-百	贷-十	贷-元	贷-角	贷-分	借或贷	金-百	金-十	金-万	金-千	金-百	金-十	金-元	金-角	金-分
				承前页			3	5	7	2	1	0	0	0		3	7	4	9	1	0	0	0	贷			1	7	7	0	0	0	0
11	24	记	60	销售产品、收到部分贷款														3	7	5	0	0	0	贷			2	1	4	5	0	0	0
	26	记	65	销售产品，款未收														3	0	0	0	0	0	贷			2	4	4	5	0	0	0
	29	记	69	销售产品，货款收存银行													1	2	0	0	0	0	0	贷			3	6	4	5	0	0	0
	30	记	81	结转本月收入				3	6	4	5	0	0	0										平							0		
	30			本月合计				3	6	4	5	0	0	0			3	6	4	5	0	0	0	平							0		
	30			本年累计			3	9	3	6	6	0	0	0		3	9	3	6	6	0	0	0	平							0		
12	13	记	39	销售产品，货款收存银行													1	5	8	4	0	0	0	贷			1	5	8	4	0	0	0
	16	记	46	销售产品，款未收														5	4	0	0	0	0	贷			2	1	2	4	0	0	0
	20	记	51	销售产品，款未收														5	4	0	0	0	0	贷			2	6	6	4	0	0	0
	22	记	59	销售产品，收到部分货款														3	9	6	0	0	0	贷			3	0	6	0	0	0	0
	26	记	65	销售产品，款未收														3	0	0	0	0	0	贷			2	4	4	5	0	0	0
	28	记	72	销售产品，贷款收存银行													1	4	4	0	0	0	0	贷			4	8	6	0	0	0	0
	31	记	81	结转本月收入				4	8	6	0	0	0	0										平							0		
	31			本月合计				4	8	6	0	0	0	0			4	8	6	0	0	0	0	平							0		
	31			本年累计			4	4	2	2	6	0	0	0		4	4	2	2	6	0	0	0	平							0		

图 7－2　会计账簿结账划线示意图

典型例题

【例题1·单选题】年终结账，将余额结转下年时（　　　）。

A. 不需要编制记账凭证，但应将上年账户的余额反向结平才能结转下年

B. 应编制记账凭证，并将上年账户的余额反向结平

C. 不需要编制记账凭证，也不需要将上年账户的余额结平，直接注明"结转下年"即可

D. 应编制记账凭证予以结转，但不需要将上年账户的余额反向结平

【答案】C

【解析】年度终了结账时，有余额的账户，应将其余额结转下年，并在摘要栏注明"结转下年"字样。此时是不需要编制记账凭证的，也不需要将上年的账户余额反向结平，只需要在摘要栏内注明"结转下年"即可。

【例题2·单选题】下列结账方法错误的是（　　　）。

A. 总账账户平时只需结出月末余额

B. 12月末的"本年累计"就是全年累计发生额，全年累计发生额下通栏划双红线

C. 账户在年终结账时，在"本年合计"栏下通栏划双红线

D. 现金、银行存款日记账，每月结账时，在摘要栏注明"本月合计"字样，并在下面通栏划双红线

【答案】D

【解析】现金、银行存款日记账，每月结账时，在摘要栏注明"本月合计"字样，并在下面通栏划单红线。

第五节　错账查找与更正的方法

考纲重点分布

五、错账查找与更正的方法	1. 错账查找方法	理解
	2. 错账更正方法	掌握

考点精解

一、错账查找方法

考点　错账查找方法

在日常的会计核算中，可能发生各种各样的差错，产生错账，如重记、漏记、数字颠倒、数字错位、数字记错、科目记错、借贷方向记反等，从而影响会计信息的准确性，应及时找出差错，并予以更正。错账查找的方法很多，一般分为全面检查和局部抽查两种。

1. 全面检查

全面检查是对一定时期内的账目逐笔核对的方法。按照查找的顺序与记账程序的方向是否相同，又可分为顺查法和逆查法。

（1）顺查法是指按照记账的顺序，从原始凭证到记账凭证，再到账簿顺次查找的方法。顺查法按照记账的先后顺序查找，有利于全面检查账簿记录的正确性，但查找的工作量大，适用于错账较多，难以确定查找方向与重点范围的情况。

（2）逆查法是指与记账顺序相反，从错账的位置开始，逆向查找错误原因的方法。这种方法能减少查找的工作量，实际工作中使用较多。

2. 局部抽查

局部抽查是针对错误的数字抽查账目的方法。局部抽查包括差数法、尾数法、除2法、除9法等。

（1）差数法。按照错账的差数查找错账的方法。这种方法主要是用以查明是否有漏记或重记。如在记账过程中只登记了会计分录的借方或贷方，漏记了另一方，从而使得试算平衡中借方合计与贷方合计不等。其表现是：借方金额遗漏，会使该金额在贷方超出；

贷方金额遗漏，会使该金额在借方超出。

（2）尾数法。对于发生的差错只查找末位数，以提高查错效率的方法。这种方法适用于借贷方金额其他位数都一致，而只有末位数出现差错的情况。检查时只查找"角"、"分"部分，可提高查错的效率。

（3）除2法。以差数除以2来查找错账的方法。这种方法适用于当某个借方金额错记入贷方（或相反）时，出现错账的差数表现为错误的2倍，将此差数用2去除，得出的商即是反向的金额。如原有原材料库存5 000元，又入库1 000元，应在"原材料"账户借方登记1 000元，期末余额应是6 000元，结果记在"原材料"贷方1 000元，致使期末余额只有4 000元，差额2 000元。用这个差额数字2 000除以2，商数是1 000元，便是该错数。查找时应注意有无1 000元的业务记反了方向。

（4）除9法。以差数除以9来查找错账的方法。适用于以下三种情况：

1）将数字写小。如将300元误记为30元。查找的方法是：以差数除以9得出的商即为写错的数字，商乘以10即为正确的数字。本例差数270（300－30）除以9，商为30元，这30元为错数，扩大10倍后即可得出正确的数字300元。

2）将数字写大。如将30元写成300元。查找的方法是：以差数除以9后得出的商即为正确的数字，商乘以10即为错误的数字。本例差数270（300－30）除以9，商为30元，这30元为正确的数字，扩大10倍后即可得出错误的数字300元。

3）邻数颠倒。在记账时，如果将相邻的两位数或者是三位数的数字记颠倒，如将52记为25或将123记为321。无论是两位数字颠倒还是三位数字颠倒，其不平衡的差额都能被9除尽。如将52错记25，差数27除以9的商数为3，这就是相邻颠倒两数的差值（5－2）。如将25错记52，差数－27除以9的商为－3，这就是相邻两数差值（2－5）。我们可以从与差值相同的两个相邻数范围内去查找。

采用上述方法进行检查后，如果查出是账簿登记错误，应按规定的更正方法进行更正。如差错确实不属于账簿登记、计算等问题，应及时向有关负责人汇报，同时认真回忆发生的经济业务，仔细检查办理的每一张记账凭证，分析差额出现的原因，直至查出所有差错。

二、错账更正方法

如果账簿记录发生错误，必须按照规定的方法予以更正，不准涂改、挖补、刮擦或用药水消除字迹，不准重新抄写。错账更正方法通常有划线更正法、红字更正法和补充登记法。

考点1　划线更正法（又称红线更正法）

划线更正法又称红线更正法。在结账前发现账簿记录有文字或数字错误，而记账凭证没有错误，可以采用划线更正法。更正时，可在错误的文字或数字上划一条红线，在红线的上方填写正确的文字或数字，并由记账及会计机构负责人（会计主管人员）在更正处盖章，以明确责任。错误的数字，应全部划红线更正，不得只更正其中的错误数字。对于文字错误，可只划去错误的部分。

考点2　红字更正法

红字更正法，适用于以下两种情形：

1. 记账后发现记账凭证中的应借、应贷会计科目有错误所引起的记账错误

更正时应用红字填写一张与原记账凭证完全相同的记账凭证，在摘要栏注明"冲销某月某日第×号记账凭证"，并据以用红字登记入账，以示注销原记账凭证，然后用蓝字填写一张正确的记账凭证，并据以用蓝字登记入账。

【例7-1】某企业以库存现金896元购买办公用品，会计人员编制了错误的记账凭证并登记了会计账簿。

借：管理费用 896
　　贷：银行存款 896

具体更正步骤：

（1）填写一张与原错误记账凭证应借应贷科目完全相同的记账凭证，且金额用红字。会计分录如下（以下分录中，方框内数字表示红字，下同）：

借：管理费用 896
　　贷：银行存款 896

（2）用蓝字或黑字填写一张正确的记账凭证。会计分录如下：

借：管理费用 896
　　贷：库存现金 896

2. 记账后发现记账凭证和账簿记录中应借、应贷会计科目无误，只是所记金额大于应记金额所引起的记账错误

【例7-2】承前例，会计人员根据发生的经济业务编制了如下分录，并登记入账。会计分录如下：

借：管理费用 986
　　贷：库存现金 986

发现错误后，更正时应按多记金额，填制一张与原记账凭证应借、应贷科目完全相同的凭证，多记的金额用红字，并登记入账。

借：管理费用 90
　　贷：库存现金 90

考点3　补充登记法

记账后发现记账凭证和账簿记录中应借、应贷会计科目无误，只是所记金额小于应记金额时，采用补充登记法。

【例7-3】承【例7-1】，会计人员编制了如下会计分录，并登记会计账簿。

借：管理费用 689
　　贷：库存现金 689

发现错误后，应将少记的金额用蓝字编制一张与原记账凭证应借、应贷科目完全相同的记账凭证，登记入账。会计分录如下：

借：管理费用 207
　　贷：库存现金 207

【提示】三种方法均只适用于登账后结账前，即结账当年发现错误，如果是以后年度发现以前年度的错误，只能用蓝字更正，不能用红字。

典型例题

【例题1·多选题】记账后，发现记账凭证中的金额有错误，导致账簿记录错误，不能采用的错账更正方法是（　　）。

A. 划线更正法　　　B. 红字更正法　　　C. 补充登记法　　　D. 重新抄写法

【答案】AD

【解析】该题中记账凭证中的金额有错误，可能多记可能少记，可以采用红字更正法或补充登记法，该题中问的是不能采用，所以选AD。

【例题2·单选题】更正错账时，划线更正法的适用范围是（　　）。

A. 记账凭证上会计科目或记账方向错误，导致账簿记录错误

B. 记账凭证正确，在记账时发生错误，导致账簿记录错误

C. 记账凭证上会计科目或记账方向正确，所记金额大于应记金额，导致账簿记录错误

D. 记账凭证上会计科目或记账方向正确，所记金额小于应记金额，导致账簿记录错误

【答案】B

【解析】划线更正法适用于结账前发现账簿记录有文字或数字错误，而记账凭证没有错误的情形。选项ACD都是记账凭证有错误，不能采用划线更正法。

第六节　会计账簿的更换与保管

考纲重点分布

六、会计账簿的更换与保管	1. 会计账簿的更换	理解
	2. 会计账簿的保管	掌握

考点精解

一、会计账簿的更换

会计账簿的更换通常在新会计年度建账时进行。总账、日记账和多数明细账应每年更换一次，备查账簿可以连续使用。

二、会计账簿的保管

年度终了，各种账户在结转下年、建立新账后，一般应将旧账集中统一管理。会计账簿暂由本单位财务会计部门保管一年，期满后，由本单位财务会计部门编造清册移交本单

位的档案部门保管。

各种账簿应当按年度分类归档，编造目录，妥善保管。既保证在需要时迅速查阅，又保证各种账簿的安全和完整。保管期满后，还要按照规定的审批程序经批准后才能销毁。

典型例题

【例题1·多选题】下列关于会计账簿的更换和保管的表述中，正确的有（　　）。

A. 备查账簿不可以连续使用

B. 总账、日记账和多数明细账每年更换一次

C. 变动较小的明细账可以连续使用，不必每年更换

D. 会计账簿由本单位财务会计部门保管半年后，交由本单位档案管理部门保管

【答案】BC

【解析】选项A，备查账簿可以连续使用。选项D，会计账簿由本单位财务会计部门保管一年后，交由本单位档案管理部门保管。

【例题2·判断题】总账、日记账和多数明细账应每年更换一次，备查账簿可以连续使用。（　　）

【答案】√

【解析】总账、日记账和多数明细账应每年更换一次，备查账簿可以连续使用。

第八章　账务处理程序

章节简介

本章学习的重点是在理解账务处理程序的基础上，掌握各种账务处理程序的主要特点、适用范围，能够根据不同单位的特点选择适当的账务处理程序以及掌握各种账务处理程序的编制方法。本章主要内容包括账务处理程序概述、记账凭证账务处理程序、汇总记账凭证账务处理程序和科目汇总表账务处理程序。

第一节　账务处理程序概述

考纲重点分布

一、账务处理程序概述	1. 账务处理程序的概念与意义	理解
	2. 账务处理程序的种类	掌握

考点精解

一、账务处理程序的概念与意义

考点 1　账务处理程序概念

账务处理程序又称会计核算组织程序或会计核算形式，是指会计凭证、会计账簿、财务报表相结合的方式，包括账簿组织和记账程序。账簿组织是指会计凭证和会计账簿的种类、格式，会计凭证与账簿之间的联系方法；记账程序是指由填制、审核原始凭证到填制、审核记账凭证，登记日记账、明细分类账和总分类账，编制财务报表的工作程序和方法等。

考点 2　账务处理程序意义

科学、合理地选择账务处理程序的意义主要有：

（1）规范会计工作，保证会计信息加工过程的严密性，提高会计信息质量。

（2）保证会计记录的完整性和正确性，增强会计信息的可靠性。

（3）减少不必要的会计核算环节，提高会计工作效率，保证会计信息的及时性。

二、账务处理程序的种类

企业常用的账务处理程序主要有记账凭证账务处理程序、汇总记账凭证账务处理程序和科目汇总表账务处理程序等。他们之间的主要区别为登记总分类账的依据和方法不同。

考点1　记账凭证账务处理程序

记账凭证账务处理程序是指对发生的经济业务，先根据原始凭证或汇总原始凭证填制记账凭证，再直接根据记账凭证登记总分类账的一种账务处理程序。

考点2　汇总记账凭证账务处理程序

汇总记账凭证账务处理程序是指先根据原始凭证或汇总原始凭证填制记账凭证，定期根据记账凭证分类编制汇总收款凭证、汇总付款凭证和汇总转账凭证，再根据汇总记账凭证登记总分类账的一种账务处理程序。

考点3　科目汇总表账务处理程序

科目汇总表账务处理程序又称记账凭证汇总表账务处理程序，是指根据记账凭证定期编制科目汇总表，再根据科目汇总表登记总分类账的一种账务处理程序。

典型例题

【例题1·单选题】各种账务处理程序的主要区别是（　　）。

A. 记账方法不同　　　　　　　　　　B. 记账程序不同

C. 登记明细账的依据不同　　　　　　D. 登记总账的依据和方法不同

【答案】D

【解析】企业常用的账务处理程序主要有记账凭证账务处理程序、汇总记账凭证账务处理程序和科目汇总表账务处理程序等。它们之间的主要区别为登记总分类账的依据和方法不同。

【例题2·多选题】下列关于科学、合理地选择账务处理程序的意义的表述中，正确的有（　　）。

A. 有利于会计工作程序的规范化　　　B. 有利于增强会计信息的可靠性

C. 有利于提高会计信息的质量　　　　D. 有利于保证会计信息的及时性

【答案】ABCD

【解析】本题考核科学、合理地选择账务处理程序的意义。

第二节　记账凭证账务处理程序

考纲重点分布

二、记账凭证账务处理程序	1. 一般步骤	熟悉
	2. 记账凭证账务处理程序的内容	掌握

考点精解

一、一般步骤

考点　一般步骤

记账凭证账务处理程序的一般步骤是：

（1）根据原始凭证填制汇总原始凭证。

（2）根据原始凭证或汇总原始凭证，填制收款凭证、付款凭证和转账凭证，也可以填制通用记账凭证。

（3）根据收款凭证和付款凭证逐笔登记库存现金日记账和银行存款日记账。

（4）根据原始凭证、汇总原始凭证和记账凭证，登记各种明细分类账。

（5）根据记账凭证逐笔登记总分类账。

（6）期末，将库存现金日记账、银行存款日记账和明细分类账的余额与有关总分类账的余额核对相符。

（7）期末，根据总分类账和明细分类账的记录，编制财务报表。

记账凭证账务处理程序的一般步骤，如图 8-1 所示。

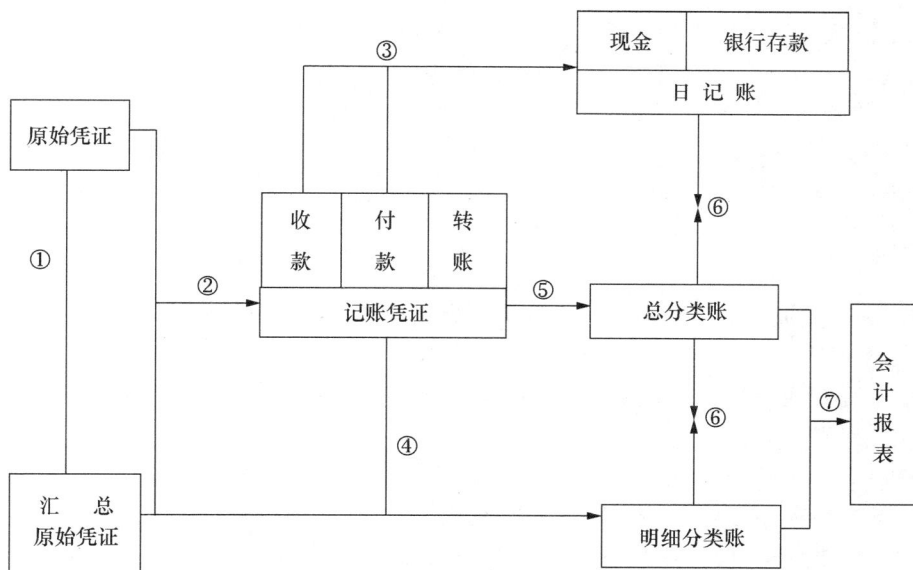

图 8-1　记账凭证账务处理程序的一般步骤

二、记账凭证账务处理程序的内容

考点 1　特点

记账凭证账务处理程序的特点是直接根据记账凭证对总分类账进行逐笔登记。该账务处理程序是会计核算中最基本的账务处理程序，它既是理解账务处理的基础，也是掌握其他账务处理程序的基础。

考点 2 优缺点

记账凭证账务处理程序的优点是简单明了，易于理解，总分类账可以较详细地反映经济业务的发生情况；缺点是登记总分类账的工作量较大。

考点 3 适用范围

该账务处理程序适用于规模较小、经济业务量较少的单位。同时，为了最大限度地克服其局限，实务工作中，应尽量将原始凭证汇总编制汇总原始凭证，再根据汇总原始凭证编制记账凭证，从而减少总账登记的工作量。

总结： 记账凭证账务处理程序的特点、优缺点及适用范围如表 8-1 所示。

表 8-1 记账凭证账务处理程序的特点、优缺点及适用范围

特点	直接根据记账凭证对总分类账进行逐笔登记
优点	①简单明了，易于理解 ②总分类账可以较详细地反映交易或事项发生的情况，便于查账、对账
缺点	在业务较多的情况下，登记总分类账的工作量大
适用范围	规模较小，经济业务量较少的单位

【提示】 在记账凭证账务处理程序下，需要设置的会计凭证，包括收款凭证、付款凭证和转账凭证，如果单位业务较少，也可以采用一种通用的记账凭证。需要设置的账簿，包括库存现金日记账、银行存款日记账、总分类账和明细分类账。库存现金日记账和银行存款日记账的格式一般采用三栏式账簿；明细账的格式可以采用三栏式、多栏式和数量金额式的账簿；总分类账的格式一般采用三栏式。

典型例题

【例题 1·多选题】 下列各项中，属于记账凭证账务处理程序优点的有（   ）。

A. 简单明了，易于理解　　　　　　B. 登记总分类账的工作量小

C. 登记总分类账时耗用的账页少　　D. 可以详细反映经济业务的发生情况

【答案】 AD

【解析】 记账凭证账务处理程序的优点是简单明了，易于理解，总分类账可以较详细地反映经济业务的发生情况；缺点是登记总分类账的工作量较大。

【例题 2·判断题】 记账凭证账务处理程序适用于规模较小、经济业务量较少的单位。（   ）

【答案】 √

【解析】 记账凭证账务处理程序适用于规模较小、经济业务量较少的单位。

【例题 3·单选题】 在下列几种账务处理程序中，最基本的一种账务处理程序是（   ）。

A. 日记总账账务处理程序　　　　　B. 汇总记账凭证账务处理程序

C. 科目汇总表账务处理程序　　　　D. 记账凭证账务处理程序

【答案】 D

【解析】 记账凭证账务处理程序是会计核算中最基本的账务处理程序。

第三节　汇总记账凭证账务处理程序

考纲重点分布

三、汇总记账凭证账务处理程序	1. 汇总记账凭证的编制方法	了解
	2. 一般步骤	熟悉
	3. 汇总记账凭证账务处理程序的内容	掌握

考点精解

一、汇总记账凭证的编制方法

汇总记账凭证是指对一段时期内同类记账凭证进行定期汇总而编制的记账凭证。汇总记账凭证可以分为汇总收款凭证、汇总付款凭证和汇总转账凭证，三种凭证有不同的编制方法。

考点1　汇总收款凭证的编制

汇总收款凭证根据"库存现金"和"银行存款"账户的借方进行编制。汇总收款凭证是在对各账户对应的贷方分类之后，进行汇总编制。总分类账根据各汇总收款凭证的合计数进行登记，分别记入"库存现金"、"银行存款"总分类账户的借方，并将汇总收款凭证上各账户贷方的合计数分别记入有关总分类账户的贷方。

汇总收款凭证如表8-2所示。

表8-2　汇总收款凭证

借方科目：　　　　　　　　　　　年　　月　　日　　　　　　　　　汇收字第　　号

贷方科目	金额				总账账页
	1~10日 收款凭证 第 至 号	11~20日 收款凭证 第 至 号	21~30日 收款凭证 第 至 号	合计	

考点2　汇总付款凭证的编制

汇总付款凭证根据"库存现金"和"银行存款"账户的贷方进行编制。汇总付款凭证是在对各账户对应的借方分类之后，进行汇总编制。总分类账根据各汇总付款凭证的合计数进行登记，分别记入"库存现金"、"银行存款"总分类账户的贷方，并将汇总付款凭证上各账户借方的合计数分别记入有关总分类账户的借方。

汇总付款凭证如表8-3所示。

表8-3 汇总付款凭证

贷方科目：　　　　　　　　　　　　　年　月　日　　　　　　　　　　　汇付字第　号

借方科目	金额				总账账页
	1~10日付款凭证第 至 号	11~20日付款凭证第 至 号	21~30日付款凭证第 至 号	合计	

考点3 汇总转账凭证的编制

汇总转账凭证通常根据所设置账户的贷方进行编制。汇总转账凭证是在对所设置账户相对应的借方账户分类之后，进行汇总编制。总分类账根据各汇总转账凭证的合计数进行登记，分别记入对应账户的总分类账户的贷方，并将汇总转账凭证上各账户借方的合计数分别记入有关总分类账户的借方。值得注意的是，在编制的过程中贷方账户必须唯一，借方账户可一个或多个，即转账凭证必须一借一贷或多借一贷。

如果在一个月内某一贷方账户的转账凭证不多，可不编制汇总转账凭证，直接根据单个的转账凭证登记总分类账。

汇总转账凭证如表8-4所示。

表8-4 汇总转账凭证

贷方科目：　　　　　　　　　　　　　年　月　日　　　　　　　　　　　汇转字第　号

借方科目	金额				总账账页
	1~10日转账凭证第 至 号	11~20日转账凭证第 至 号	21~30日转账凭证第 至 号	合计	

二、一般步骤

考点　一般步骤

汇总记账凭证账务处理程序的一般步骤是：

（1）<u>根据原始凭证填制汇总原始凭证。</u>

（2）<u>根据原始凭证或汇总原始凭证，填制收款凭证、付款凭证和转账凭证，也可填制通用记账凭证。</u>

（3）<u>根据收款凭证、付款凭证逐笔登记库存现金日记账和银行存款日记账。</u>

（4）<u>根据原始凭证、汇总原始凭证和记账凭证，登记各种明细分类账。</u>

（5）<u>根据各种记账凭证编制有关汇总记账凭证。</u>

（6）<u>根据各种汇总记账凭证登记总分类账。</u>

（7）期末，将库存现金日记账、银行存款日记账和明细分类账的余额与有关总分类账的余额核对相符。

（8）期末，根据总分类账和明细分类账的记录，编制财务报表。

汇总记账凭证账务处理程序的一般步骤，如图 8－2 所示。

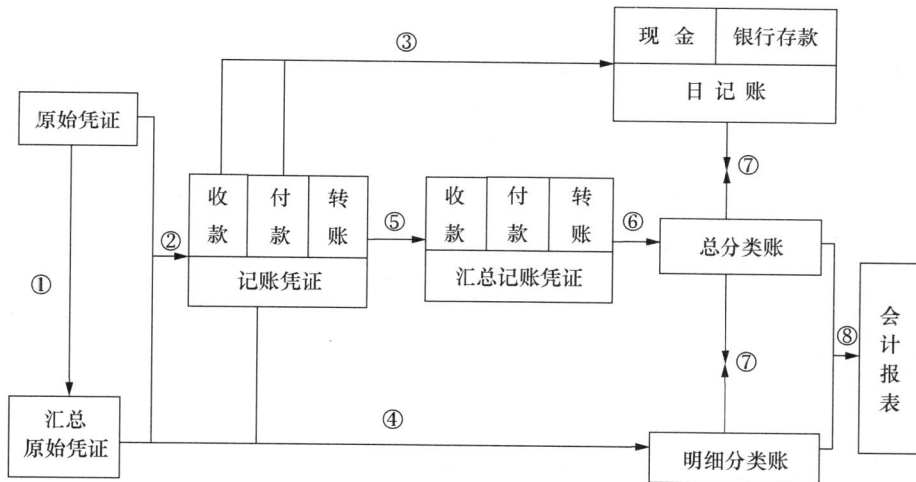

图 8－2　汇总记账凭证账务处理程序的一般步骤

三、汇总记账凭证账务处理程序的内容

考点 1　特点

汇总记账凭证账务处理程序的特点是<u>先根据记账凭证编制汇总记账凭证，再根据汇总记账凭证登记总分类账。</u>

考点 2　优缺点

汇总记账凭证账务处理程序的优点是<u>减轻了登记总分类账的工作量</u>；缺点是<u>当转账凭证较多时，编制汇总转账凭证的工作量较大，并且每一贷方账户编制汇总转账凭证，不利于会计核算的日常分工。</u>

考点3 适用范围

汇总记账凭证账务处理程序适用于规模较大、经济业务较多的单位，特别是转账业务少，而收、付款业务较多的单位更适合。

总结： 汇总记账凭证账务处理程序的特点、优缺点和适用范围如表8-5所示。

表8-5 汇总记账凭证账务处理程序的特点、优缺点和适用范围

特点	先根据记账凭证编制汇总记账凭证，再根据汇总记账凭证登记总分类账
优点	①减轻了登记总分类账的工作量 ②账户的对应关系没有破坏，便于查对和分析账目
缺点	①按每一贷方科目编制汇总转账凭证，不利于会计核算的日常分工 ②当转账凭证较多时，编制汇总转账凭证的工作量较大
适用范围	规模较大、经济业务较多的单位

典型例题

【例题1·单选题】 在汇总记账凭证账务处理程序下，汇总收款凭证定期按对应的（ ）分别归类汇总。

A. 借方科目　　　　　　　　　　B. 贷方科目
C. 借方或贷方科目　　　　　　　D. 以上都不对

【答案】 B

【解析】 汇总收款凭证是按"库存现金"和"银行存款"科目的借方分别设置，定期按对应的贷方科目分别归类、汇总。

【例题2·多选题】 下列各项中，可能是登记明细分类账依据的是（ ）。

A. 汇总记账凭证　　B. 记账凭证　　　C. 原始凭证　　　　D. 汇总原始凭证

【答案】 BCD

【解析】 三种账务处理程序均是根据原始凭证、汇总原始凭证和记账凭证，登记各种明细分类账。

第四节 科目汇总表账务处理程序

考纲重点分布

	1. 科目汇总表的编制方法	了解
四、科目汇总表账务处理程序	2. 一般步骤	熟悉
	3. 科目汇总表账务处理程序的内容	掌握

考点精解

一、科目汇总表的编制方法

考点 科目汇总表的编制方法

科目汇总表又称记账凭证汇总表，是企业通常定期对全部记账凭证进行汇总后，按照不同的会计科目分别列示各账户借方发生额和贷方发生额的一种汇总凭证。科目汇总表的编制方法是，根据一定时期内的全部记账凭证，按照会计科目进行归类，定期汇总出每一个账户的借方本期发生额和贷方本期发生额，填写在科目汇总表的相关栏内。科目汇总表可每月编制一张，按旬汇总，也可每旬汇总一次编制一张。任何格式的科目汇总表，都只反映各个账户的借方本期发生额和贷方本期发生额，不反映各个账户之间的对应关系。

科目汇总表的具体格式，如表8-6所示。

表8-6 科目汇总表

第 号   年 月 日

会计科目	记账凭证起讫号码	本期发生额		总账页数
		借方	贷方	

二、一般步骤

考点 一般步骤

科目汇总表账务处理程序的一般步骤是：

（1）根据原始凭证填制汇总原始凭证。

（2）根据原始凭证或汇总原始凭证填制记账凭证。

（3）根据收款凭证、付款凭证逐笔登记库存现金日记账和银行存款日记账。

（4）根据原始凭证、汇总原始凭证和记账凭证，登记各种明细分类账。

（5）根据各种记账凭证编制科目汇总表。

（6）根据科目汇总表登记总分类账。

（7）期末，将库存现金日记账、银行存款日记账和明细分类账的余额同有关总分类账的余额核对相符。

（8）期末，根据总分类账和明细分类账的记录，编制财务报表。

科目汇总表账务处理程序的一般步骤，如图8-3所示。

三、科目汇总表账务处理程序的内容

考点1 特点

科目汇总表账务处理程序的特点是先将所有记账凭证汇总编制成科目汇总表，然后以

科目汇总表为依据登记总分类账。

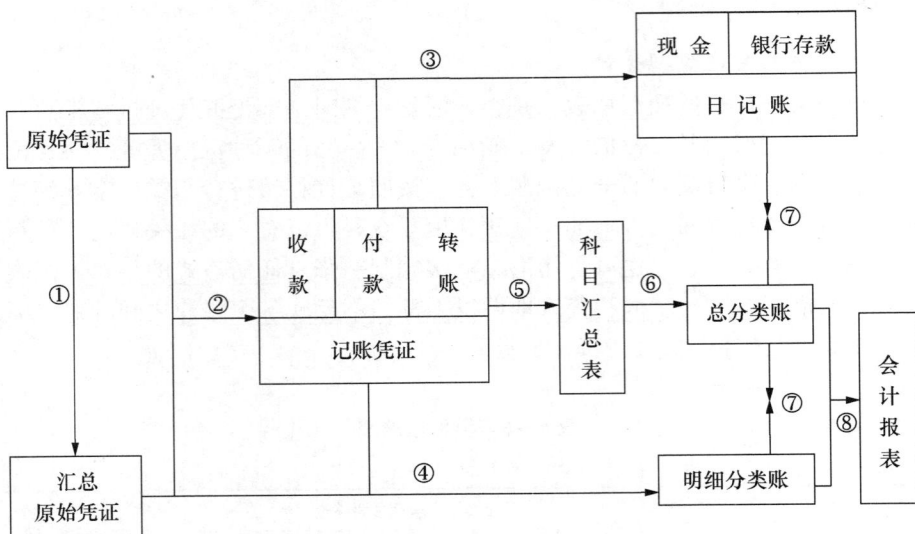

图 8 – 3 科目汇总表账务处理程序的一般步骤

考点 2 优缺点

科目汇总表账务处理程序的优点是减轻了登记总分类账的工作量，易于理解，方便学习，并可做到试算平衡；缺点是科目汇总表不能反映各个账户之间的对应关系，不利于对账目进行检查。

考点 3 适用范围

科目汇总表账务处理程序适用于经济业务较多的单位。

总结：科目汇总表账务处理程序特点、优缺点及适用范围如表 8 – 7 所示。

表 8 –7 科目汇总表账务处理程序特点、优缺点及适用范围

特点	先将所有记账凭证汇总编制成科目汇总表，然后以科目汇总表为依据登记总分类账
优点	①减轻了登记总分类账的工作量 ②编制和使用较简单，易学易做 ③可以起到试算平衡的作用，从而保证总账登记的正确性
缺点	在科目汇总表和总账中，不反映各科目的对应关系，因而不便于根据账簿记录进行检查和分析经济业务的来龙去脉，不便于查对账目
适用范围	经济业务量较多的单位

典型例题

【例题 1·单选题】 下列账务处理程序中，不能反映各科目对应关系，不便于查对账目的是（　　）。

A. 记账凭证账务处理程序　　　　B. 汇总记账凭证账务处理程序

C. 日记总账账务处理程序　　　　D. 科目汇总表账务处理程序

【答案】D

【解析】科目汇总表账务处理程序的缺点是不能反映各个账户之间的对应关系，不利于对账目进行检查。

【例题2·单选题】下列各项中，属于编制科目汇总表的根据是（　　）。

A. 各种记账凭证　　　　　　　　B. 各种原始凭证

C. 各种总账　　　　　　　　　　D. 原始凭证汇总表

【答案】A

【解析】科目汇总表应根据各种记账凭证编制。

第九章　财产清查

章节简介

本章主要介绍财产清查的概念、意义和一般程序，财产清查的方法以及财产清查结果的处理。学习时应重点掌握财产清查概念和意义、财产清查的种类、财产清查的方法、财产清查结果的处理。

第一节　财产清查概述

考纲重点分布

一、财产清查概述	1. 财产清查的概念与意义	理解
	2. 财产清查的种类	掌握
	3. 财产清查的一般程序	了解

考点精解

一、财产清查的概念与意义

考点1　财产清查的概念

财产清查是指通过对货币资金、实物资产和往来款项等财产物资进行盘点或核对，确定其实存数，查明账存数与实存数是否相符的一种专门方法。

【提示】造成账实不符的原因是多方面的，如财产物资收发计量不准确造成的差错；在保管过程中发生的自然损耗；由于管理不善或工作人员的过失造成财产物资的霉烂损坏、短缺及不法分子的营私舞弊、贪污盗窃；在填制会计凭证或登记账簿时发生的错记、漏记和重记等。

考点2　财产清查的意义

加强财产清查，对于加强企业管理、充分发挥会计的监督作用具有重要的意义。企业应当建立健全财产物资清查制度，加强管理，以保证财产物资核算的真实性和完整性。那么具体而言，财产清查的主要意义有：

1. 保证账实相符，提高会计资料的准确性

查明各项财产物资的实有数量，确定实有数量与账面数量之间的差异，查明原因和责任，以便采取有效措施，消除差异，改进工作，从而保证账实相符，提高会计资料的准确性。

2. 切实保障各项财产物资的安全完整

查明各项财产物资的保管情况是否良好，有无因管理不善，造成霉烂、变质、损失浪费，或者被非法挪用、贪污盗窃的情况，以便采取有效措施，改善管理，切实保障各项财产物资的安全完整。

3. 加速资金周转，提高资金使用效益

查明各项财产物资的库存和使用情况，合理安排经济活动，充分利用各项财产物资，挖掘财产物资的潜力，加速资金周转，提高资金使用效益。

二、财产清查的种类

考点1　按财产清查范围分类

按照清查范围分类，可分为全面清查和局部清查。

1. 全面清查

全面清查是指对所有的财产进行全面的盘点和核对，通过全面清查，可以准确地掌握本单位各项财产物资、货币资金、债权债务等的真实情况；但全面清查范围广、内容多、参加的人员多、花费的时间长。需要进行全面清查的主要有以下几种情况：

（1）年终决算前：为确保年终决算会计资料真实、正确，需要进行全面清查。

（2）单位撤销、合并或改变隶属关系前：为了明确经济责任。

（3）开展全面清产核资、资产评估等活动：为了准确地核定资产。

（4）单位主要负责人调离工作前：单位负责人是指单位法定代表人或法律、行政法规规定代表单位行使职权的主要负责人，按《会计法》规定其对本单位的会计工作和会计资料的真实性、完整性负责。单位负责人在调离工作前需进行离任审计，其中包括全面经济责任审计，为此需进行全面清查。

2. 局部清查

局部清查，是根据需要只对部分财产物资进行盘点和核对。局部清查范围小、内容少、时间短、参与人员少，但专业性较强，其清查对象主要是流动性较强的财产。需要进行局部清查的主要有以下几种情况：

（1）对于库存现金，每日业务终了应由出纳人员当日清点核对，以保持实存数和现金日记账结存额相符。

（2）对于银行存款，出纳人员至少每月要同银行核对1次。

（3）对于贵重物资，每月都应清查盘点1次。

（4）对于各种往来款项，每年至少同对方企业核对1~2次。

（5）通常情况下，对于流动性较大的材料物资，除年度清查外，年内还要轮流盘点或重点抽查。

以上所列举的清查内容，都是正常情况下进行的，目的是保证账实相符。如果遭受自然灾害（如水灾、火灾、地震等）或是发生盗窃事件以及更换相关工作人员时，也应对财产物资或资金进行局部的清点和盘查。

考点2 按财产清查时间分类

按财产清查时间可分为定期清查和不定期清查。

1. 定期清查

定期清查是指按照预先计划安排的时间对财产进行的盘点和核对。定期清查一般在年末、季末、月末进行。定期清查，可以是全面清查，也可以是局部清查。在年末、季末、月末结账前定期进行财产清查，也可以在编制会计报告前对于所发现的账实不符的情况，调整有关账簿记录，做到账实相符，从而保证会计报告资料的客观性、真实性。

2. 不定期清查

不定期清查是指事先不规定清查日期，而是根据特殊需要临时进行的盘点和核对。不定期清查，可以是全面清查，也可以是局部清查，应根据实际需要来确定清查的对象和范围。

不定期清查主要在以下情况进行：

（1）更换财产物资、库存现金保管人员：为了明确经济责任，便于办理交接手续。

（2）发生自然灾害或意外损失，对受损财产清查：为了查明损失情况。

（3）上级主管、财政、审计和银行等部门对本单位进行会计检查：为了验证会计资料的可靠性。

（4）进行临时性清产核资：为了掌握企业的资产状况。

考点3 按照清查的执行系统分类

1. 内部清查

内部清查是指由本单位内部自行组织清查工作小组所进行的财产清查工作。大多数财产清查都是内部清查。

2. 外部清查

外部清查是指由上级主管部门、审计机关、司法部门、注册会计师根据国家有关规定或情况需要对本单位所进行的财产清查。一般来讲，进行外部清查时应有本单位相关人员参加。

三、财产清查的一般程序

考点 财产清查的一般程序

财产清查既是会计核算的一种专门方法，又是财产物资管理的一项重要制度。所以说财产清查是一项涉及面较广、工作量较大、复杂并且细致的工作。因此，企业必须有计划、有组织地进行财产清查。

企业的财产清查工作应严格按以下程序进行：

（1）建立财产清查组织。

（2）组织清查人员学习有关政策规定，掌握有关法律、法规和相关业务知识，以提高财产清查工作的质量。

（3）确定清查对象、范围，明确清查任务。

（4）制定清查方案，具体安排清查内容、时间、步骤、方法，以及必要的清查前准备。

（5）清查时本着先清查数量、核对有关账簿记录等，后认定质量的原则进行。

（6）填制盘存清单。

（7）根据盘存清单，填制实物、往来账项清查结果。

【提示】现代意义上的财产清查，不仅包括资产实存数量和质量的检查，还应包括资产价值量的测定，并关注资产是否发生减值等情况。

典型例题

【例题1·单选题】按清查范围划分，年终决算前应当进行（　　）。

A. 全面清查　　　　B. 局部清查　　　　C. 定期清查　　　　D. 不定期清查

【答案】A

【解析】按清查范围划分，年终决算前应当进行全面清查，故正确答案为A。

【例题2·单选题】现金日记账（　　）结出发生额和余额，并与结存现金核对。

A. 每月　　　　　　B. 每15天　　　　C. 每隔3~5天　　　D. 每日

【答案】D

【解析】现金日记账应每日结出发生额和余额，并与结存现金核对，故正确答案为D。

【例题3·多选题】下列各项中，适用于全面清查的有（　　）。

A. 年终决算前　　　　　　　　　　B. 全面清产核资、资产评估

C. 单位主要负责人调离工作前　　　D. 单位撤销、合并或改变隶属关系前

【答案】ABCD

【解析】本题考核全面清查的内容。

第二节　财产清查的方法

考纲重点分布

二、财产清查的方法	1. 货币资金的清查方法	理解
	2. 实物资产的清查方法	掌握
	3. 往来款项的清查方法	掌握

考点精解

由于货币资金、实物、往来款项的特点各有不同，在进行财产清查时，应采用与其特点和管理要求相适应的方法。

一、货币资金的清查方法

考点1 库存现金的清查

库存现金的清查是采用实地盘点法确定库存现金的实存数，然后与库存现金日记账的账面余额相核对，确定账实是否相符。库存现金清查一般由主管会计或财务负责人和出纳人员共同清点出各种面值钞票的张数和硬币的个数，并填制库存现金盘点报告表。

对库存现金进行盘点时，出纳人员必须在场，有关业务必须在库存现金日记账中全部登记完毕。盘点时，一方面要注意账实是否相符，另一方面还要检查现金管理制度的遵守情况，如库存现金有无超过其限额，有无白条抵库、挪用舞弊等情况。盘点结束后，应填制"库存现金盘点报告表"，作为重要原始凭证，它也具有实存账存对比表的作用，其格式如表9-1所示。

表9-1 库存现金盘点报告表

单位名称： 年 月 日

实存金额	账存金额	实存与账存对比		备注
		长款	短款	

盘点人签章： 出纳人员签章：

考点2 银行存款的清查

银行存款的清查是采用与开户银行核对账目的方法进行的，即将本单位银行存款日记账的账簿记录与开户银行转来的对账单逐笔进行核对，来查明银行存款的实有数额。银行存款的清查一般在月末进行。

1. 银行存款日记账与银行对账单不一致的原因

将截止到清查日所有银行存款的收付业务都登记入账后，对发生的错账、漏账应及时查清更正，再与银行的对账单逐笔核对。如果二者余额相符，通常说明没有错误；如果二者余额不相符，则可能是企业或银行一方或双方记账过程有错误或者存在未达账项。

未达账项，是指企业和银行之间，由于记账时间不一致而发生的一方已经入账，而另一方尚未入账的事项。未达账项一般分为以下四种情况：

（1）企业已收款记账，银行未收款未记账的款项。
（2）企业已付款记账，银行未付款未记账的款项。
（3）银行已收款记账，企业未收款未记账的款项。
（4）银行已付款记账，企业未付款未记账的款项。

上述任何一种未达账项的存在，都会使企业银行存款日记账的余额与银行开出的对账单的余额不符。所以，在与银行对账时首先应查明是否存在未达账项，如果存在未达账项，就应该编制"银行存款余额调节表"，确定企业银行存款实有数。

2. 银行存款清查的步骤

银行存款的清查按以下四个步骤进行。

（1）将本单位银行存款日记账与银行对账单，以结算凭证的种类、号码和金额为依据，逐日逐笔核对。凡双方都有记录的，用铅笔在金额旁打上记号"√"。

（2）找出未达账项（即银行存款日记账和银行对账单中没有打"√"的款项）。

（3）将日记账和对账单的月末余额及找出的未达账项填入"银行存款余额调节表"，并计算出调整后的余额。

（4）将调整平衡的"银行存款余额调节表"，经主管会计签章后，呈报开户银行。

凡有几个银行户头以及开设有外币存款户头的单位，应分别按存款户头开设"银行存款日记账"。每月月底，应分别将各户头的"银行存款日记账"与各户头的"银行对账单"核对，并分别编制各户头的"银行存款余额调节表"。

银行存款余额调节表的编制，是以双方账面余额为基础，各自分别加上对方已收款入账而己方尚未入账的数额，减去对方已付款入账而己方尚未入账的数额。其计算公式如下：

企业银行存款日记账余额 + 银行已收企业未收款 − 银行已付企业未付款 = 银行对账单存款余额 + 企业已收银行未收款 − 企业已付银行未付款

银行存款余额调节表的格式如表9−2所示。

表9−2　银行存款余额调节表

账号：　　　　　　　　　年　月　日　　　　　　　　　单位：元

项目	金额	项目	金额
企业银行存款日记账余额 加：银行已收，企业未收款 减：银行已付，企业未付款		银行对账单余额 加：企业已收，银行未收款 减：企业已付，银行未付款	
调整后余额		调整后余额	

主管会计：（签章）　　　　　　　　　　　　　　　　　　制表人：（签章）

【例9−1】汇通公司2015年6月30日银行存款日记账余额为80 000元，银行对账单上的余额为82 425元，经过逐笔核对发现有下列未达账项：

（1）企业于6月30日存入从其他单位收到的转账支票一张计8 000元，银行尚未入账。

（2）企业于6月30日开出的转账支票6 000元，现金支票500元，持票人尚未到银行办理转账和取款手续，银行尚未入账。

（3）委托银行代收的外埠存款4 000元，银行已经收到入账，但收到通知尚未到达企业。

（4）银行受运输机构委托代收运费，已经从企业银行存款中支付出150元，但企业尚未接到转账付款通知单。

（5）银行计算企业的存款利息75元，已经计入企业存款账户，但企业尚未入账。

要求：编制"银行存款余额调节表"。

根据以上资料编制银行存款余额调节表，如表9−3所示。

表 9-3 银行存款余额调节表

账号：　　　　　　　　　　　　2015 年 6 月 30 日　　　　　　　　　　　单位：元

项目	金额	项目	金额
企业银行存款日记账余额	80 000	银行对账单余额	82 425
加：银行已收，企业未收款	4 075	加：企业已收，银行未收款	8 000
减：银行已付，企业未付款	150	减：企业已付，银行未付款	6 500
调整后余额	83 925	调整后余额	83 925

主管会计：（签章）　　　　　　　　　　　　　　　　　制表人：（签章）

3. 银行存款余额调节表的作用

（1）银行存款余额调节表是一种对账记录或对账工具，不能作为调整账面记录的依据，即不能根据银行存款余额调节表中的未达账项来调整银行存款账面记录，未达账项只有在收到有关凭证后才能进行有关的账务处理。

（2）调节后的余额如果相等，通常说明企业和银行的账面记录一般没有错误，该余额通常为企业可以动用的银行存款实有数。

（3）调节后的余额如果不相等，通常说明一方或双方记账有误，需进一步追查，查明原因后予以更正和处理。

二、实物资产的清查方法

实物资产主要包括固定资产、存货等。实物资产的清查就是对实物资产在数量和质量上所进行的清查。常用的清查方法主要有实地盘点法和技术推算法。

1. 实地盘点法

实地盘点法就是运用度、量、衡等工具，通过点数，逐一确定被清查实物实有数的一种方法。

优点是这种方法适应范围较广，大多数财产物资都可采取这种方法，并且数字准确可靠，但工作量较大。

缺点是实地盘点法只适用于能直接查清数量的财产，对于应收账款等项目则不适用。

2. 技术推算法

技术推算法是按照一定标准推算出其实有数的一种方法。这种方法适用于堆垛量很大，不便一一清点，单位价值又比较低的实物的清查。如露天堆放的煤炭等，就可以用技术推算法。

对实物资产的数量进行清查的同时，还要对实物的质量进行鉴定，可根据不同的实物采用不同的检查方法，如物理法、化学法、直接观察法等。

为了明确经济责任，在进行实物资产清查盘点时，实物保管人员必须在场。对各项财产物资的盘点结果，应逐一填制盘存单，由盘点人员和实物保管人员共同签章，并同账面余额记录核对，确认盘盈盘亏数，填制实存账存对比表，作为调整账面记录的原始凭证。

财产物资盘存单和实存账存对比表的常用格式如表 9-4、表 9-5 所示。

表9-4　盘　存　单

单位名称：　　　　　　　　　　盘点时间：　　　　　　　　　　编号：

财产类别：　　　　　　　　　　存放地点：

编号	名称	计量单位	数量	单价	金额	备注

盘点人：　　　　　　　　　　　　　　　　　　　　　　　　　保管人：

为了查明实存数与账存数是否一致，确定盘盈或盘亏情况，应根据盘存单和有关账簿的记录，编制实存账存对比表。实存账存对比表是用以调整账簿记录的重要原始凭证，也是分析产生差异的原因，明确经济责任的依据。实存账存对比表的一般格式如表9-5所示。

表9-5　实存账存对比表

单位名称：　　　　　　　　　　　年　月　日

编号	类别及名称	计量单位	单价	实存		账存		对比结果				备注
				数量	金额	数量	金额	盘盈		盘亏		
								数量	金额	数量	金额	

三、往来款项的清查方法

往来款项主要包括应收、应付款项和预收、预付款项等。往来款项的清查一般采用发函询证的方法进行核对，即派人前往或利用通信工具，向结算往来单位核实账目。

具体步骤是：在检查本单位各项往来结算账目正确、完整的基础上，按每一个经济往来单位填制"往来款项对账单"。"往来款项对账单"的格式一般一式两联，其中一联送交对方单位核对账目，另一联作为回联单。对方单位经过核对相符后，在回联单上加盖公章退回，表示已核对；如有数字不符，对方单位应在对账单中注明情况退回本单位，以便进一步清查。往来款项清查以后，将清查结果编制"往来款项清查报告单"，填列各项债权、债务的余额。对于有争执的款项以及无法收回的款项，应在报告单上详细列明情况，以便及时采取措施进行处理，避免或减少坏账损失。

"往来款项对账单"、"往来款项清查报告单"的一般格式如表9-6、表9-7所示。

表9-6 往来款项对账单

往来款项对账单

××××公司：

贵公司20××年×月×日在我公司购入乙商品50件，货款13 000元尚未支付，请核对后将回联单寄回。

清查单位：（盖章）

20××年×月×日

往来款项对账单（回联单）

××××清查单位：

贵单位寄来的"往来款项对账单"已收到，经核对相符无误。

××单位：（盖章）

20××年×月×日

"往来款项清查报告单"格式如表9-7所示。

表9-7 往来款项清查报告单

年 月 日

总账账户		明细账账户		清查结果		不同意原因			备注
账户名称	余额	账户名称	余额	同意	不同意	争执款项	无法收回	其他	

清查人员签章： 经管人员签章：

典型例题

【例题1·单选题】下列各项中，属于对银行存款进行清查时应该采用的方法是（ ）。

A. 定期盘点法
B. 实地盘点法
C. 与银行核对账目法
D. 和往来单位核对账目法

【答案】C

【解析】银行存款的清查是采用与开户银行核对账目的方法进行的。

【例题2·单选题】下列各项中，属于对往来款项进行清查时应采用的方法是（ ）。

A. 定期盘点法
B. 实地盘点法
C. 与银行核对账目法
D. 发函询证法

【答案】D

【解析】 往来款项的清查一般采用发函询证的方法进行核对。

第三节 财产清查结果的处理

考纲重点分布

三、财产清查结果的处理	1. 财产清查结果处理的要求	理解
	2. 财产清查结果处理的步骤与方法	掌握
	3. 财产清查结果的账务处理	掌握

考点精解

一、财产清查结果处理的要求

考点 财产清查结果处理的要求

对于财产清查中发现的问题，如财产物资的盘盈、盘亏、毁损或其他各种损失，应核实情况，调查分析产生的原因，按照国家有关法律法规的规定，进行相应的处理。

1. 分析产生差异的原因和性质并提出处理建议

在财产清查结束后，清查小组的人员应认真分析差异产生的原因和性质，以形成文字报告，并提出处理建议。对于各种财产物资的盘盈盘亏，必须通过调查研究查明原因、分清责任，按相关规定进行处理。一般来说，个人造成的损失，应由个人赔偿；因管理不善原因造成的损失，应作为企业管理费用入账；因自然灾害造成的非正常损失，列入企业的营业外支出，如相关财产已经向保险公司投保，还应向保险公司索取赔偿。

2. 积极处理多余积压财产，清理往来款项

在财产清查中，明确企业存在的积压财产和长期挂账的往来款项。对于财产清查中发现的多余、积压物资，应分不同情况处理。属于盲目采购或者盲目生产等原因造成的积压，一方面积极利用或者改造出售，另一方面要停止采购或生产。

3. 总结经验教训，建立和健全各项管理制度

在财产清查中，会发现企业在管理中存在的种种问题，这些问题大多数是由于企业的各项管理制度不完善造成的，因此财产清查对建立和健全管理制度有促进作用。财产清查后，要针对存在的问题和不足，总结经验和教训，采取必要的措施，建立健全财产管理制度，进一步提高财产管理水平。

4. 及时调整账簿记录，保证账实相符

财产清查是为了检查企业的财产物资是否账实相符。对于财产清查中发现的盘盈或盘亏，应根据清查中取得的原始凭证填制记账凭证，登记有关账簿，及时调整账面记录，使各种财产物资的账存数与实存数相一致，同时应反映待处理财产损溢的发生。

二、财产清查结果处理的步骤与方法

考点1 审批之前的处理

根据"清查结果报告表"、"盘点报告表"等已经查实的数据资料，填制记账凭证，记入有关账簿，使账簿记录与实际盘存数相符，同时根据权限，将处理建议报股东大会或董事会，或经理（厂长）会议或类似机构批准。

考点2 审批之后的处理

企业清查的各种财产的损溢，应于期末前查明原因，并根据企业的管理权限，经股东大会或董事会，或经理（厂长）会议或类似机构批准后，在期末结账前处理完毕。企业应严格按照有关部门对财产清查结果提出的处理意见进行账务处理，填制有关记账凭证，登记有关账簿，并追回由于责任者原因造成的财产损失。

企业清查的各种财产的损溢，如果在期末结账前尚未经批准，在对外提供财务报表时，先按上述规定进行处理，并在附注中作出说明；其后批准处理的金额与已处理金额不一致的，调整财务报表相关项目的年初数。

三、财产清查结果的账务处理

考点1 设置"待处理财产损溢"账户

为了反映和监督企业在财产清查过程中查明的各种财产物资的盘盈、盘亏、毁损及其处理情况，应设置"待处理财产损溢"账户（但固定资产盘盈和毁损分别通过"以前年度损益调整"、"固定资产清理"账户核算）。该账户属于双重性质的资产类账户，下设"待处理流动资产损溢"和"待处理非流动资产损溢"两个明细分类账户进行明细分类核算。

该账户的借方登记财产物资的盘亏数、毁损数和批准转销的财产物资盘盈数；贷方登记财产物资的盘盈数和批准转销的财产物资盘亏及毁损数。企业清查的各种财产的盘盈、盘亏和毁损应在期末结账前处理完毕，所以"待处理财产损溢"账户在期末结账后没有余额。

"待处理财产损溢"账户的基本结构和内容如图9-1所示。

借方　　　　　　　待处理财产损溢　　　　　　　贷方	
财产物资的盘亏数、毁损数 批准转销的财产物资盘盈数	财产物资的盘盈数 批准转销的财产物资盘亏及毁损数

图9-1　"待处理财产损溢"账户的基本结构

考点2 库存现金清查结果的账务处理

1. 库存现金盘盈的账务处理

库存现金盘盈时，应及时办理库存现金的入账手续，调整库存现金账簿记录，即按盘盈的金额借记"库存现金"科目，贷记"待处理财产损溢——待处理流动资产损溢"

科目。

对于盘盈的库存现金，应及时查明原因，按管理权限报经批准后，按盘盈的金额借记"待处理财产损溢——待处理流动资产损溢"科目，按需要支付或退还他人的金额贷记"其他应付款"科目，按无法查明原因的金额贷记"营业外收入"科目。

2. 库存现金盘亏的账务处理

库存现金盘亏时，应及时办理盘亏的确认手续，调整库存现金账簿记录，即按盘亏的金额借记"待处理财产损溢——待处理流动资产损溢"科目，贷记"库存现金"科目。

对于盘亏的库存现金，应及时查明原因，按管理权限报经批准后，按可收回的保险赔偿和过失人赔偿的金额借记"其他应收款"科目，按管理不善等原因造成净损失的金额借记"管理费用"科目，按自然灾害等原因造成净损失的金额借记"营业外支出"科目，按原记入"待处理财产损溢——待处理流动资产损溢"科目借方的金额贷记本科目。

总结：库存现金盘盈、盘亏的账务处理

1. 库存现金长款（盘盈）时（实存＞账面）

（1）审批前的核算（调整账面记录）：

借：库存现金

　　贷：待处理财产损溢——待处理流动资产损溢

（2）审批后的核算：

借：待处理财产损溢——待处理流动资产损溢

　　贷：其他应付款（需要支付或退还他人的金额）

　　　　营业外收入（无法查明原因的）

2. 库存现金短缺（盘亏）时（实存＜账面）

（1）审批前的核算（调整账面记录）：

借：待处理财产损溢——待处理流动资产损溢

　　贷：库存现金

（2）审批后的核算：

借：其他应收款（可收回的保险赔偿和过失人赔偿的金额）

　　管理费用（按管理不善等原因造成净损失的金额）

　　营业外支出（按自然灾害等原因造成净损失的金额）

　　贷：待处理财产损溢——待处理流动资产损溢

【**例9-2**】某企业现金清查中，发现现金盘盈560元，其中500元属于应支付给其他公司的违约金，余下盘盈金额无法查明原因。应作如下会计处理：

（1）审批之前：

借：库存现金 560

　　贷：待处理财产损溢——待处理流动资产损溢 560

（2）审批之后：

借：待处理财产损溢——待处理流动资产损溢 560

　　贷：其他应付款 500

　　　　营业外收入 60

【**例9-3**】某企业在财产清查中发现库存现金盘亏800元，其中出纳人员应赔偿500

元，剩余部分因管理不善造成。应作如下会计处理：

（1）审批之前：

借：待处理财产损溢——待处理流动资产损溢　　　　　　　　　　800

　　贷：库存现金　　　　　　　　　　　　　　　　　　　　　　　　800

（2）审批之后：

借：其他应收款　　　　　　　　　　　　　　　　　　　　　　500

　　管理费用　　　　　　　　　　　　　　　　　　　　　　　300

　　贷：待处理财产损溢——待处理流动资产损溢　　　　　　　　　800

考点3　存货清查结果的账务处理

1. 存货盘盈的账务处理

存货盘盈时，应及时办理存货入账手续，调整存货账簿的实存数。盘盈的存货应按其重置成本作为入账价值，借记"原材料"、"库存商品"等科目，贷记"待处理财产损溢——待处理流动资产损溢"科目。

对于盘盈的存货，应及时查明原因，按管理权限报经批准后，冲减管理费用，即按其入账价值，借记"待处理财产损溢——待处理流动资产损溢"科目，贷记"管理费用"科目。

2. 存货盘亏的账务处理

存货盘亏时，应按盘亏的金额借记"待处理财产损溢——待处理流动资产损溢"科目，贷记"原材料"、"库存商品"等科目。材料、产成品、商品采用计划成本（或售价）核算的，应同时结转成本差异（或商品进销差价）。涉及增值税的，还应进行相应处理。

对于盘亏的存货，应及时查明原因，按管理权限报经批准后，按可收回的保险赔偿和过失人赔偿的金额借记"其他应收款"科目，按管理不善等原因造成净损失的金额借记"管理费用"科目，按自然灾害等原因造成净损失的金额借记"营业外支出"科目，按原记入"待处理财产损溢——待处理流动资产损溢"科目借方的金额贷记本科目。

总结：存货盘盈、盘亏的账务处理

1. 盘盈的核算（实际＞账存）

（1）审批前核算（调整账面记录）：

借：原材料/库存商品

　　贷：待处理财产损溢——待处理流动资产损溢

（2）审批后核算：

借：待处理财产损溢——待处理流动资产损溢

　　贷：管理费用

2. 盘亏的核算（实际＜账存）

（1）审批前核算（调整账面记录）：

借：待处理财产损溢——待处理流动资产损溢

　　贷：原材料/库存商品

（2）审批后核算：

借：其他应收款（应收过失人或保险公司的赔偿款）

　　管理费用（管理不善等原因造成净损失的金额）

　　营业外支出（自然灾害等原因造成净损失的金额）

贷：待处理财产损溢——待处理流动资产损溢

【例9-4】某企业在财产清查中发现甲商品溢余10件，每件单价50元；乙商品盘亏20件，每件100元。在发现盘盈、盘亏时应编制如下会计分录：

盘盈甲商品时：

借：库存商品——甲   500

    贷：待处理财产损溢——待处理流动资产损溢   500

盘亏乙商品时：

借：待处理财产损溢——待处理流动资产损溢   2 000

    贷：库存商品——乙   2 000

【例9-5】承【例9-4】，经检查发现，盘盈的甲商品为收发计量差错所致，已批准进行处理，因此应编制如下会计分录：

借：待处理财产损溢——待处理流动资产损溢   500

    贷：管理费用   500

【例9-6】承【例9-4】，经检查发现，盘亏的乙商品为管理不善所致，其中仓库保管人员赔偿1 000元（款项已收存银行），已批准进行处理，因此应编制如下会计分录：

借：银行存款   1 000

    管理费用   1 000

    贷：待处理财产损溢——待处理流动资产损溢   2 000

考点4 固定资产清查结果的账务处理

1. 固定资产盘盈的账务处理

企业在财产清查过程中盘盈的固定资产，经查明确属企业所有，按管理权限报经批准后，应根据盘存凭证填制固定资产交接凭证，经有关人员签字后送交企业会计部门，填写固定资产卡片账，并作为前期差错处理，通过"以前年度损益调整"科目核算。盘盈的固定资产通常按其重置成本作为入账价值借记"固定资产"科目，贷记"以前年度损益调整"科目。涉及增值税、所得税和盈余公积的，还应按相关规定处理。

2. 固定资产盘亏的账务处理

固定资产盘亏时，应及时办理固定资产注销手续，按盘亏固定资产的账面价值，借记"待处理财产损溢——待处理非流动资产损溢"科目，按已提折旧额，借记"累计折旧"科目，按其原价，贷记"固定资产"科目。涉及增值税和递延所得税的，还应按相关规定处理。

对于盘亏的固定资产，应及时查明原因，按管理权限报经批准后，按过失人及保险公司应赔偿额，借记"其他应收款"科目，按盘亏固定资产的原价扣除累计折旧和过失人及保险公司赔偿后的差额，借记"营业外支出"科目，按盘亏固定资产的账面价值，贷记"待处理财产损溢——待处理非流动资产损溢"科目。

总结：固定资产盘盈、盘亏的账务处理

1. 盘亏的核算（实际＜账存）

（1）审批前核算（调整账面记录）：

借：待处理财产损溢——待处理非流动资产损溢

    累计折旧

　　　　　贷：固定资产

（2）审批后核算：

借：其他应收款（应收过失人或保险公司的赔偿款）

　　　营业外支出（非常损失）

　　　贷：待处理财产损溢——待处理非流动资产损溢

2. 盘盈的核算（实际＞账存）

（1）审批前核算（调整账面记录）：

借：固定资产

　　　贷：以前年度损益调整

（2）审批后核算：

借：以前年度损益调整

　　　贷：盈余公积

　　　　　利润分配——未分配利润

【例9－7】甲公司在财产清查中发现账外设备1台，重置成本为3 000元，假定甲公司按净利润的10%计提法定盈余公积，不考虑相关税费及其他因素的影响。甲公司应编制的会计分录为：

（1）盘盈固定资产时：

借：固定资产　　　　　　　　　　　　　　　　　　　　　　　　　3 000

　　　贷：以前年度损益调整　　　　　　　　　　　　　　　　　　　　　3 000

（2）结转为留存收益时：

借：以前年度损益调整　　　　　　　　　　　　　　　　　　　　　3 000

　　　贷：盈余公积——法定盈余公积　　　　　　　　　　　　　　　　　　300

　　　　　利润分配——未分配利润　　　　　　　　　　　　　　　　　　2 700

【例9－8】甲公司在财产清查中，盘亏设备1台，原值为5 000元，已提折旧2 000元。经查明，应由过失人赔偿1 000元，已批准进行处理。应编制如下会计分录：

（1）盘亏固定资产时：

借：待处理财产损溢——待处理非流动资产损溢　　　　　　　　　　3 000

　　　累计折旧　　　　　　　　　　　　　　　　　　　　　　　　　2 000

　　　贷：固定资产　　　　　　　　　　　　　　　　　　　　　　　　5 000

（2）批准后处理：

借：其他应收款　　　　　　　　　　　　　　　　　　　　　　　　1 000

　　　营业外支出　　　　　　　　　　　　　　　　　　　　　　　　2 000

　　　贷：待处理财产损溢——待处理非流动资产损溢　　　　　　　　　　3 000

考点5　结算往来款项盘存的账务处理

在财产清查过程中发现的长期未结算的往来款项，应及时清查。对于经查明确实无法支付的应付款项可按规定程序报经批准后，转作营业外收入。

会计分录为：

借：应付账款

　　　贷：营业外收入

对于无法收回的应收款项则作为坏账损失冲减坏账准备。坏账是指企业无法收回或收回的可能性极小的应收款项。由于发生坏账而产生的损失，称为坏账损失。

企业通常应将符合下列条件之一的应收款项确认为坏账：①债务人死亡，以其遗产清偿后仍然无法收回；②债务人破产，以其破产财产清偿后仍然无法收回；③债务人较长时间内未履行其偿债义务，并有足够的证据表明无法收回或者收回的可能性极小。

企业坏账损失的核算应采用备抵法。为了核算企业发生的坏账损失，应当设置"坏账准备"账户，核算应收款项的坏账准备的计提、转销等情况。"坏账准备"账户的贷方登记当期计提的坏账准备金额，借方登记实际发生的坏账损失金额和冲减的坏账准备金额，期末余额一般在贷方，反映企业已计提但尚未转销的坏账准备。

企业对有确凿证据表明确实无法收回的应收款项，经批准后作为坏账损失，冲减已计提的坏账准备，即发生坏账损失时，借记"坏账准备"科目，贷记"应收账款"、"其他应收款"等科目。

会计分录为：

借：坏账准备

　　贷：应收账款/其他应收款/…

对于已确认为坏账的应收款项，并不意味着企业放弃了追索权，一旦重新收回，应及时入账。已确认并转销的应收账款以后又收回时，应当按照实际收到的金额，借记"应收账款"、"其他应收款"等科目，贷记"坏账准备"科目；同时，借记"银行存款"科目，贷记"应收账款"、"其他应收款"等科目。

会计分录为：

借：应收账款/其他应收款/…

　　贷：坏账准备

借：银行存款

　　贷：应收账款/其他应收款/…

【例9－9】甲公司2014年对乙公司的应收账款实际发生坏账损失20 000元。确认坏账损失时，甲公司应作如下会计分录：

借：坏账准备　　　　　　　　　　　　　　　　　　　　　　　　20 000

　　贷：应收账款　　　　　　　　　　　　　　　　　　　　　　　　20 000

【例9－10】承【例9－9】甲公司2015年3月10日，收到2014年已转销的坏账20 000元，已存入银行。甲公司应作如下会计分录：

借：应收账款　　　　　　　　　　　　　　　　　　　　　　　　20 000

　　贷：坏账准备　　　　　　　　　　　　　　　　　　　　　　　　20 000

借：银行存款　　　　　　　　　　　　　　　　　　　　　　　　20 000

　　贷：应收账款　　　　　　　　　　　　　　　　　　　　　　　　20 000

典型例题

【例题1·多选题】各项应在"待处理财产损溢"科目贷方登记的是（　　　　）。

A. 财产物资盘亏、毁损的金额　　　　　B. 财产物资盘盈的金额

C. 财产物资盘盈的转销额　　　　　　　D. 财产物资盘亏的转销额

【答案】BD

【解析】"待处理财产损溢"科目贷方登记财产物资盘盈的金额和财产物资盘亏的转销额，故正确答案为BD。

【例题2·单选题】下列各项中，属于盘亏固定资产，清查时应采用的会计科目是（   ）。

A. 固定资产清理   B. 材料成本差异

C. 待处理财产损溢   D. 以前年度损益调整

【答案】C

【解析】本题考核固定资产盘亏所涉及的会计科目。

第十章　财务报表

章节简介

本章主要介绍财务会计报告的概念，财务会计报告的构成，财务会计报告的编制要求及资产负债表、利润表的相关概述和编制方法。

第一节　财务报表概述

考纲重点分布

一、财务报表概述	1. 财务报表的概念与分类	掌握
	2. 财务报表编制的基本要求	掌握
	3. 财务报表编制前的准备工作	了解

考点精解

一、财务报表的概念与分类

考点1　财务报表的概念

财务会计报告包括财务报表和其他应当在财务会计报告中披露的相关信息和资料。本章重点介绍财务报表相关内容。

财务报表是指企业以一定的会计方法和程序，由会计账簿的数据整理得出的，以表格的形式反映企业财务状况、经营成果和现金流量的书面文件，是财务会计报告的主体和核心。财务报表至少应当包括资产负债表、利润表、现金流量表、所有者权益变动表以及附注，即"四表一注"。财务报表上述组成部分具有同等重要程度。

资产负债表、利润表和现金流量表分别从不同角度反映企业的财务状况、经营成果和现金流量情况。资产负债表是反映企业在某一特定日期财务状况的报表。利润表是反映企业在一定会计期间经营成果的报表。现金流量表是反映企业在一定会计期间现金和现金等价物流入和流出情况的报表。所有者权益变动表是反映所有者权益的各组成部分当期的增减变动情况的报表。

附注是对资产负债表、利润表、现金流量表等报表中列示项目所作的进一步说明，以及对未能在这些报表中列示项目的说明等。企业应当按照规定披露附注信息，主要包括下列内容：企业的基本情况；财务报表编制基础；遵循企业会计准则的声明；重要会计政策和会计估计；会计政策和会计估计变更及差错更正的说明；重要报表项目的说明；其他需要说明的重要事项。通过编制附注可以对会计报表本身作补充说明，可以更全面、系统地反映单位财务状况、经营成果和现金流量信息，有助于向使用者提供更有用的决策信息，帮助其作出更加科学合理的决策。

企业编制财务报表的目标，是向财务报表使用者提供与企业财务状况、经营成果和现金流量等有关的会计信息，反映企业管理层受托责任履行情况，有助于财务报表使用者作出经济决策。财务报表使用者包括投资人、债权人、政府及其有关部门和社会公众等。

考点2 财务报表的分类

财务报表可以按照不同的标准进行分类：

1. 财务报表可以按其编报期间不同分为中期财务报表和年度财务报表

（1）中期财务报表，至少应当包括资产负债表、利润表、现金流量表和附注。中期财务报表又可分为月度财务报表、季度财务报表、半年度财务报表和年初至本中期末的财务报表。

（2）年度财务报表，是指以一个完整的会计年度（自公历 1 月 1 日起至 12 月 31 日止）为基础编制的财务报表。年度财务报表一般包括资产负债表、利润表、现金流量表、所有者权益变动表和附注。

2. 按其编报主体不同分为个别财务报表和合并财务报表

（1）个别财务报表，是由企业在自身会计核算基础上对账簿记录进行加工而编制的财务报表，它主要用以反映企业自身的财务状况、经营成果和现金流量情况。

（2）合并财务报表，是以母公司和子公司组成的企业集团为会计主体，根据母公司和所属子公司的财务报表，由母公司编制的综合反映集团财务状况、经营成果及现金流量的财务报表。

二、财务报表编制的基本要求

考点 财务报表编制的基本要求

1. 以持续经营为基础编制

企业应当以持续经营为基础，根据实际发生的交易和事项，按照《企业会计准则——基本准则》和其他各项会计准则的规定进行确认和计量，在此基础上编制财务报表。在编制财务报表过程中，企业管理当局应对企业持续经营的能力进行评价，评价是需考虑企业目前或长期的盈利能力、偿债能力、财务风险、市场经营风险以及管理当局经营政策的变更意向等因素。经管理当局评价后，如果以持续经营为基础编制财务报表不再合理，企业应当采用其他基础编制财务报表，并在附注中声明财务报表未以持续经营为基础编制的事实，披露未以持续经营为基础编制的原因和财务报表的编制基础。

2. 按正确的会计基础编制

除现金流量表按照收付实现制编制外，企业应当按照权责发生制编制财务报表。

3. 至少按年编制财务报表

企业至少应当按年编制财务报表。年度财务报表涵盖的期间短于1年的，应当披露年度财务报表的涵盖期间、短于1年的原因以及报表数据不具可比性的事实。

4. 项目列报遵守重要性原则

重要性，是指在合理预期下，财务报表某项目的省略或错报会影响使用者据此作出经济决策的，该项目具有重要性。

重要性应当根据企业所处的具体环境，从项目的性质和金额两方面予以判断，且对各项目重要性的判断标准一经确定，不得随意变更。判断项目性质的重要性，应当考虑该项目在性质上是否属于企业日常活动、是否显著影响企业的财务状况、经营成果和现金流量等因素；判断项目金额大小的重要性，应当考虑该项目金额占资产总额、负债总额、所有者权益总额、营业收入总额、营业成本总额、净利润、综合收益总额等直接相关项目金额的比重或所属报表单列项目金额的比重。

性质或功能不同的项目，应当在财务报表中单独列报，但不具有重要性的项目除外；性质或功能类似的项目，其所属类别具有重要性的，应当按其类别在财务报表中单独列报。

某些项目的重要性程度不足以在资产负债表、利润表、现金流量表或所有者权益变动表中单独列示，但对附注却具有重要性，则应当在附注中单独披露。《企业会计准则第30号——财务报表列报》规定在财务报表中单独列报的项目，应当单独列报。其他会计准则规定单独列报的项目，应当增加单独列报项目。

5. 保持各个会计期间财务报表项目列报的一致性

财务报表项目的列报应当在各个会计期间保持一致，除会计准则要求改变财务报表项目的列报或企业经营业务的性质发生重大变化后，变更财务报表项目的列报能够提供更可靠、更相关的会计信息外，不得随意变更。

6. 各项目之间的金额不得相互抵销

财务报表中的资产项目和负债项目的金额、收入项目和费用项目的金额、直接计入当期利润的利得项目和损失项目的金额不得相互抵销，但其他会计准则另有规定的除外。

一组类似交易形成的利得和损失应当以净额列示，但具有重要性的除外。

资产或负债项目按扣除备抵项目后的净额列示，不属于抵销。

非日常活动产生的利得和损失，以同一交易形成的收益扣减相关费用后的净额列示更能反映交易实质的，不属于抵销。

7. 至少应当提供所有列报项目上一个可比会计期间的比较数据

当期财务报表的列报，至少应当提供所有列报项目上一个可比会计期间的比较数据，以及与理解当期财务报表相关的说明，但其他会计准则另有规定的除外。

财务报表的列报项目发生变更的，应当至少对可比期间的数据按照当期的列报要求进行调整，并在附注中披露调整的原因和性质以及调整的各项目金额。对可比数据进行调整不切实可行的，应当在附注中披露不能调整的原因。

8. 应当在财务报表的显著位置披露编报企业的名称等重要信息

企业应当在财务报表的显著位置（如表首）至少披露下列各项：①编报企业的名称；

②资产负债表日或财务报表涵盖的会计期间；③人民币金额单位；④财务报表是合并财务报表的，应当予以标明。

三、财务报表编制前的准备工作

考点　财务报表编制前的准备工作

在编制财务报表前，需要完成下列工作：①严格审核会计账簿的记录和有关资料；②进行全面财产清查、核实债务，并按规定程序报批，进行相应的会计处理；③按规定的结账日进行结账，结出有关会计账簿的余额和发生额，并核对各会计账簿之间的余额；④检查相关的会计核算是否按照国家统一的会计制度的规定进行；⑤检查是否存在因会计差错、会计政策变更等原因需要调整前期或本期相关项目的情况等。

典型例题

【例题1·多选题】 下列属于企业财务报表的有（　　）。

A. 试算平衡表　　　　B. 资产负债表　　　　C. 现金流量表　　　　D. 附注

【答案】 BCD

【解析】 试算平衡表不属于财务报表。

【例题2·判断题】 企业应当以持续经营为基础，根据实际发生的交易和事项，按照《企业会计准则——基本准则》和其他各项会计准则的规定进行确认和计量，在此基础上编制财务报表。（　　）

【答案】 √

【解析】 企业应当以持续经营为基础，根据实际发生的交易和事项，按照《企业会计准则——基本准则》和其他各项会计准则的规定进行确认和计量，在此基础上编制财务报表。

【例题3·多选题】 以下属于财务报表附注的内容有（　　）。

A. 企业基本情况　　　　　　　　　B. 报表编制基础

C. 重要事项说明　　　　　　　　　D. 遵循会计准则的声明

【答案】 ABCD

【解析】 企业应当按照规定披露附注信息，主要包括下列内容：企业的基本情况；财务报表编制基础；遵循企业会计准则的声明；重要会计政策和会计估计；会计政策和会计估计变更及差错更正的说明；重要报表项目的说明；其他需要说明的重要事项。

第二节　资产负债表

考纲重点分布

二、资产负债表	1. 资产负债表的概念与作用	掌握
	2. 资产负债表的列报要求	掌握

续表

二、资产负债表	3. 我国企业资产负债表的一般格式	掌握
	4. 资产负债表编制的基本方法	掌握

考点精解

一、资产负债表的概念与作用

考点1 资产负债表的概念

资产负债表是反映企业在某一特定日期的财务状况的财务报表。

考点2 资产负债表的作用

资产负债表的作用主要有：

（1）可以提供某一日期资产的总额及其结构，表明企业拥有或控制的资源及其分布情况。

（2）可以提供某一日期的负债总额及其结构，表明企业未来需要用多少资产或劳务清偿债务以及清偿时间。

（3）可以反映所有者所拥有的权益，据以判断资本保值、增值的情况以及对负债的保障程度。

二、资产负债表的列报要求

考点1 资产负债表列报总体要求

1. 分类别列报

资产负债表应当按照资产、负债和所有者权益三大类别分类列报。

2. 资产和负债按流动性列报

资产和负债应当按照流动性分为流动资产和非流动资产、流动负债和非流动负债分别列示。

3. 列报相关的合计、总计项目

资产负债表中的资产类至少应当列示流动资产和非流动资产的合计项目；负债类至少应当列示流动负债、非流动负债以及负债的合计项目；所有者权益类应当列示所有者权益的合计项目。

资产负债表应当分别列示资产总计项目和负债与所有者权益之和的总计项目，并且这二者的金额应当相等。

考点2 资产的列报

资产负债表中的资产类至少应当单独列示反映下列信息的项目：①货币资金；②以公允价值计量且其变动计入当期损益的金融资产；③应收款项；④预付款项；⑤存货；⑥被划分为持有待售的非流动资产及被划分为持有待售的处置组中的资产；⑦可供出售金融资产；⑧持有至到期投资；⑨长期股权投资；⑩投资性房地产；⑪固定资产；⑫生物资产；⑬无形资产；⑭递延所得税资产。

考点3 负债的列报

资产负债表中的负债类至少应当单独列示反映下列信息的项目：①短期借款；②以公允价值计量且其变动计入当期损益的金融负债；③应付款项；④预收款项；⑤应付职工薪酬；⑥应交税费；⑦被划分为持有待售的处置组中的负债；⑧长期借款；⑨应付债券；⑩长期应付款；⑪预计负债；⑫递延所得税负债。

考点4 所有者权益的列报

资产负债表中的所有者权益类至少应当单独列示反映下列信息的项目：①实收资本（或股本）；②资本公积；③盈余公积；④未分配利润。

三、我国企业资产负债表的一般格式

考点 我国企业资产负债表的一般格式

资产负债表的格式分为账户式和报告式两类。根据我国《企业会计准则》的规定，我国企业的资产负债表采用账户式的格式，即左侧列示资产；右侧列示负债和所有者权益。

资产负债表由表头和表体两部分组成。表头部分应列明报表名称、编表单位名称、资产负债表日和人民币金额单位；表体部分反映资产、负债和所有者权益的内容。其中，表体部分是资产负债表的主体和核心，各项资产、负债按流动性排列，所有者权益项目按稳定性排列。我国企业资产负债表的一般格式如表10－1所示：

表10－1 资产负债表

编制单位：　　　　　　　　年　月　日　　　　　　　　单位：元

资产	行号	期末余额	年初余额	负债及所有者权益	行号	期末余额	年初余额
流动资产：	1			流动负债：	1		
货币资金	2			短期借款	2		
以公允价值计量且其变动计入当期损益的金融资产	3			以公允价值计量且其变动计入当期损益的金融负债	3		
应收票据	4			应付票据	4		
应收账款	5			应付账款	5		
预付账款	6			预收账款	6		
应收股利	7			应付职工薪酬	7		
应收利息	8			应交税费	8		
其他应收款	9			应付利息	9		
存货	10			应付股利	10		
1年内到期的非流动资产	11			其他应付款	11		
其他流动资产	12			1年内到期的非流动负债	12		
流动资产合计	13			其他流动负债	13		
非流动资产：	14			流动负债合计	14		
可供出售金融资产	15			非流动负债：	15		
持有至到期投资	16			长期借款	16		

资产	行号	期末余额	年初余额	负债及所有者权益	行号	期末余额	年初余额
长期应收款	17			应付债券	17		
长期股权投资	18			长期应付款	18		
投资性房地产	19			专项应付款	19		
固定资产	20			预计负债	20		
在建工程	21			递延收益	21		
工程物资	22			递延所得税负债	22		
固定资产清理	23			其他非流动负债	23		
生产性生物资产	24			非流动负债合计	24		
油气资产	25			负债合计	25		
无形资产	26			所有者权益（或股东权益）：	26		
开发支出	27			实收资本（或股本）	27		
商誉	28			资本公积	28		
长期待摊费用	29			减：库存股	29		
递延所得税资产	30			其他综合收益	30		
其他非流动资产	31			盈余公积	31		
非流动资产合计	32			未分配利润	32		
				所有者权益（或股东权益）合计	33		
资产总计	33			负债及所有者权益总计	34		

四、资产负债表编制的基本方法

考点1 "期末余额"栏的填列方法

资产负债表"期末余额"栏内各项数字，一般应根据资产、负债和所有者权益类科目的期末余额填列，具体方法如下：

1. 根据一个或几个总账科目的余额填列

（1）根据一个总账账户余额直接填列。如资产负债表中"以公允价值计量且其变动计入当期损益的金融资产"、"工程物资"、"固定资产清理"、"短期借款"、"应付职工薪酬"、"应交税费"、"预计负债"、"应付票据"、"应付利息"、"应付股利"、"实收资本（或股本）"、"资本公积"、"盈余公积"等项目。

（2）根据几个总账账户余额计算填列。如"货币资金"项目，应根据"库存现金"、"银行存款"、"其他货币资金"三个总账科目余额的合计数填列。

2. 根据明细账科目的余额计算填列

如"预收账款"项目应根据"应收账款"明细账贷方余额与"预收账款"明细账贷方余额之和来填列；"应付账款"项目应根据"应付账款"明细账贷方余额与"预付账款"明细账贷方余额之和来填列。

3. 根据总账科目和明细账科目的余额分析计算填列

如"长期借款"项目,应根据"长期借款"总账科目余额扣除"长期借款"科目所属的明细科目中将在资产负债表日起 1 年内到期且企业不能自主地将清偿义务展期的长期借款后的金额计算填列;"长期待摊费用"项目,应根据"长期待摊费用"科目的期末余额减去将于 1 年内(含 1 年)摊销的数额后的金额填列。

4. 根据有关科目余额减去其备抵科目余额后的净额填列

如资产负债表中"长期股权投资"项目,应当根据"长期股权投资"科目的期末余额减去"长期股权投资减值准备"科目的期末余额后的净额填列。"在建工程"项目,应当根据"在建工程"科目的期末余额减去"在建工程减值准备"科目的期末余额后的净额填列。"投资性房地产"项目,应当根据"投资性房地产"科目的期末余额减去"投资性房地产累计折旧"及"投资性房地产减值准备"科目余额后的净额填列。"固定资产"项目,应根据"固定资产"科目的期末余额减去"累计折旧"及"固定资产减值准备"科目余额后的净额填列。"无形资产"项目,应当根据"无形资产"科目的期末余额,减去"累计摊销"及"无形资产减值准备"科目余额后的净额填列。

5. 综合运用上述填列方法分析填列

如"存货"项目,应根据"原材料"、"库存商品"、"委托加工物资"、"周转材料"、"材料采购"、"在途物资"、"发出商品"、"材料成本差异"等总账账户期末余额的分析汇总数,再减去"存货跌价准备"账户余额后的净额填列;"应收账款"项目,应根据"应收账款"明细账借方余额与"预收账款"明细账借方余额合计数,减去"坏账准备"科目中有关应收账款计提的坏账准备期末余额后的金额填列;"预付账款"项目,应根据"预付账款"明细账借方余额与"应付账款"明细账借方余额合计数,减去"坏账准备"科目中有关预付账款计提的坏账准备期末余额后的金额填列。

考点 2 "年初余额"栏的填列方法

资产负债表的"年初余额"栏通常根据上年末有关项目的期末余额填列,且与上年末资产负债表"期末余额"栏一致。如果企业上年度资产负债表规定的项目名称和内容与本年度不一致,应当对上年年末资产负债表相关项目的名称和数字按照本年度的规定进行调整,填入"年初余额"栏。

典型例题

【例题 1·单选题】 资产负债表中,根据有关总账期末余额直接填列的项目是(   )。

A. 短期借款   B. 应收账款   C. 货币资金   D. 存货

【答案】 A

【解析】 货币资金项目是根据几个总账账户余额计算填列的;应收账款项目与存货项目是综合运用各种方法填列的。

【例题 2·单选题】 资产负债表中可以根据总账科目和明细账科目的余额分析计算填列的项目是(   )。

A. 长期借款   B. 资本公积   C. 应付账款   D. 存货

【答案】 A

【解析】 资本公积项目是根据总账账户余额直接填列;应付账款项目是根据明细账科

目的余额计算填列；存货项目是综合运用各种方法填列的。

第三节 利润表

考纲重点分布

三、利润表	1. 利润表的概念与作用	掌握
	2. 利润表的列示要求	了解
	3. 我国企业利润表的一般格式	了解
	4. 利润表编制的基本方法	熟悉

考点精解

一、利润表的概念与作用

考点1 利润表的概念

利润表又称损益表，是反映企业在一定会计期间的经营成果的财务报表。如年度利润表反映的是某年度1月1日至12月31日的经营成果。利润表根据会计核算的配比原则，把一定时期的收入和相对应的费用配比，从而计算出企业一定时期的各项利润指标。利润表是反映企业一定时期经营成果的动态报表。

考点2 利润表的作用

由于利润表既是企业经营业绩的综合体现，又是企业进行利润分配的主要依据，因此，利润表是财务报表中的一个基本报表，其作用主要有：

（1）反映一定会计期间收入的实现情况。

（2）反映一定会计期间的费用耗费情况。

（3）企业经济活动成果的实现情况，据以判断资本保值增值等情况。

二、利润表的列示要求

利润表列示的基本要求如下：

（1）企业在利润表中应当对费用按照功能分类，分为从事经营业务发生的成本、管理费用、销售费用和财务费用等。

（2）利润表至少应当单独列示反映下列信息的项目，但其他会计准则另有规定的除外：①营业收入；②营业成本；③营业税金及附加；④管理费用；⑤销售费用；⑥财务费用；⑦投资收益；⑧公允价值变动损益；⑨资产减值损失；⑩非流动资产处置损益；⑪所得税费用；⑫净利润；⑬其他综合收益各项目分别扣除所得税影响后的净额；⑭综合收益总额。金融企业可以根据其特殊性列示利润表项目。

（3）其他综合收益项目应当根据其他相关会计准则的规定分为"以后会计期间不能重分类进损益的其他综合收益"项目，和"以后会计期间在满足规定条件时将重分类进损益的其他综合收益项目"两类列报。

（4）在合并利润表中，企业应当在净利润项目下单独列示归属于母公司所有者的损益和归属于少数股东的损益，在综合收益总额项目下单独列示归属于母公司所有者的综合收益总额和归属于少数股东的综合收益总额。

三、我国企业利润表的一般格式

考点　我国企业利润表的一般格式

利润表的格式有单步式和多步式两种。按照我国《企业会计准则》的规定，我国企业应当采用多步式利润表格式，将不同性质的收入和费用分别进行对比，以便得出一些中间性的利润数据，帮助使用者理解企业经营成果的不同来源。

企业可以分如下三个步骤编制利润表：

第一步，以营业收入为基础，计算营业利润：

营业利润＝营业收入－营业成本－营业税金及附加－销售费用－管理费用－财务费用－资产减值损失＋公允价值变动收益（－公允价值变动损失）＋投资收益（－投资损失）

第二步，以营业利润为基础，计算利润总额：

利润总额＝营业利润＋营业外收入－营业外支出

第三步，以利润总额为基础，计算净利润：

净利润＝利润总额－所得税费用

利润表通常包括表头和表体两部分。表头应列明报表名称、编表单位名称、财务报表涵盖的会计期间和人民币金额单位等内容；利润表的表体，反映形成经营成果的各个项目和计算过程。我国企业利润表的格式一般如表 10－2 所示：

表 10－2　利润表

编制单位：　　　　　　　　　　　　年　月　　　　　　　　　　　　单位：元

项　　目	本期金额	上期金额
一、营业收入		
减：营业成本		
营业税金及附加		
销售费用		
管理费用		
财务费用（收益以"－"号填列）		
资产减值损失		
加：公允价值变动收益（损失以"－"号填列）		
投资收益（损失以"－"号填列）		
其中：对联营企业和合营企业的投资收益		
二、营业利润（亏损以"－"号填列）		
加：营业外收入		

项　目	本期金额	上期金额
其中：非流动资产处置净利得		
减：营业外支出		
其中：非流动资产处置净损失		
三、利润总额（亏损总额以"－"号填列）		
减：所得税费用		
四、净利润（净亏损以"－"填列）		
五、每股收益：		
（一）基本每股收益		
（二）稀释每股收益		
六、其他综合收益		
七、综合收益总额		

四、利润表编制的基本方法

利润表各项目数据来源主要是根据各损益类科目的发生额分析填列。各项目均需填列"本期金额"和"上期金额"两栏。

考点1 "本期金额"栏的填列方法

"本期金额"栏根据"主营业务收入"、"主营业务成本"、"营业税金及附加"、"销售费用"、"管理费用"、"财务费用"、"资产减值损失"、"公允价值变动损益"、"投资收益"、"营业外收入"、"营业外支出"、"所得税费用"等科目的发生额分析填列。

【提示】

（1）"营业收入"项目，反映企业经营的主要业务和其他业务所取得的收入总额。根据"主营业务收入"和"其他业务收入"科目的本期发生额分析填列。

（2）"营业成本"项目，反映企业经营的主要业务和其他业务发生的实际成本。根据"主营业务成本"和"其他业务成本"科目的本期发生额分析填列。

（3）"营业利润"、"利润总额"、"净利润"等项目根据该表中相关项目计算填列。

【例10-1】某企业2014年发生营业收入为800万元，营业成本为600万元，销售费用为20万元，管理费用为50万元，财务费用为10万元，投资收益为40万元，资产减值损失为70万元，公允价值变动收益为80万元，营业外收入为30万元，营业外支出为15万元。该企业2014年的营业利润为多少？

营业利润＝营业收入800－营业成本600－销售费用20－管理费用50－财务费用10－资产减值损失70＋公允价值变动收益80＋投资收益40＝170（万元）

【例10-2】甲公司2014年"主营业务收入"科目的贷方发生额为4 000万元，借方发生额为100万元（2014年10月15日发生的购买方退货）；"其他业务收入"科目的贷方发生额为300万元，无借方发生额；"主营业务成本"科目的借方发生额为3 000万元，2014年10月15日收到的购买方退货成本为60万元；"其他业务成本"科目借方发生额为200万元，无贷方发生额。根据上述资料，该企业利润表中的营业收入和营业成本项目金额为多少？

"营业收入"项目金额 = 4 000 - 100 + 300 = 4 200（万元）

"营业成本"项目金额 = 3 000 - 60 + 200 = 3 140（万元）

考点2 "上期金额"栏的填列方法

"上期金额"栏应根据上年该期利润表"本期金额"栏内所列数字填列。如果上年该期利润表规定的各个项目的名称和内容同本期不一致，应对上年该期利润表各项目的名称和数字按本期的规定进行调整，填入利润表"上期金额"栏内。

【提示】利润分配表是反映企业在一定时期利润分配情况和年末未分配利润结余情况的报表。利润分配表按月编制，是利润表的附表，利润表反映企业利润的形成情况，而利润分配表则是用来反映企业的利润分配情况。

典型例题

【例题1·单选题】下列各项中，影响营业利润的是（　　）。

A. 管理费用　　　　B. 生产费用　　　　C. 营业外收入　　　　D. 所得税费用

【答案】A

【解析】营业利润 = 营业收入 - 营业成本 - 营业税金及附加 - 销售费用 - 管理费用 - 财务费用 - 资产减值损失 - 公允价值变动损失（+公允价值变动收益）- 投资损失（+投资收益）

【例题2·多选题】下列关于利润表的表述中，正确的有（　　）。

A. 根据有关账户发生额编制　　　　B. 静态报表

C. 反映财务状况的报表　　　　D. 反映经营成果的报表

【答案】AD

【解析】利润表又称损益表，是反映企业在一定会计期间经营成果的报表。利润表各项目的数据来源主要是根据各损益类科目的发生额分析填列的。

【例题3·多选题】下列各项中，属于利润表包括的项目有（　　）。

A. 净利润　　　　B. 利润总额　　　　C. 每股收益　　　　D. 综合收益总额

【答案】ABCD

【解析】本题考核利润表的项目。

【例题4·判断题】利润总额是指营业收入加上投资收益、营业外收入，减去营业外支出后的总金额。（　　）

【答案】×

【解析】利润总额 = 营业利润 + 营业外收入 - 营业外支出